ANNA ZIMT

Leck mich!

Wie ich lernte zu bekommen, was ich will: im Bett, in der Liebe und im Leben

W0056357

mvgverlag

Bibliografische Information der Deutschen Nationalbibliothek
Die Deutsche Nationalbibliothek verzeichnet diese Publikation in der Deutschen Nationalbibliografie. Detaillierte bibliografische Daten sind im Internet über http://dnb.d-nb.de abrufbar.

Für Fragen und Anregungen
info@mvg-verlag.de

Originalausgabe
1. Auflage 2019
© 2019 by mvg Verlag, ein Imprint der Münchner Verlagsgruppe GmbH
Nymphenburger Straße 86
D-80636 München
Tel.: 089 651285-0
Fax: 089 652096

Die Autorin hat sich aufgrund der Lesbarkeit dafür entschieden, in vielen Fällen das generische Maskulinum zu verwenden. Es sind aber immer alle Geschlechter gemeint.

Redaktion: Birthe Vogelmann
Umschlaggestaltung: Maria Wittek
Umschlagabbildungen: shutterstock.com/OksanaNizienko
Satz: Müjde Puzziferri, MP Medien, München
Druck: CPI books GmbH, Leck
Printed in Germany

ISBN Print 978-3-7474-0080-7
ISBN E-Book (PDF) 978-3-96121-418-1
ISBN E-Book (EPUB, Mobi) 978-3-96121-419-8

Weitere Informationen zum Verlag finden Sie unter

www.mvg-verlag.de
Beachten Sie auch unsere weiteren Verlage unter www.m-vg.de

ANNA ZIMT

Leck mich!

Inhalt

Für A. D.

1. Doll und deutlich, aber nett und freundlich

Es ist Ende Januar und ich bin für ein paar Tage nach Berlin gefahren, um meine Freunde mal wieder ausgiebig zu sehen und mit ihnen um die Häuser zu ziehen. Ich brauche eine kleine Auszeit vom Alltagstrubel in Hamburg. Ich habe viel gearbeitet, wenig Zeit für meine Berliner Freunde gehabt und eine Geschichte verarbeitet, die mein Selbstbewusstsein ein wenig auf Probe gestellt hat. Aber jetzt bin ich wieder ganz da, ganz ich selbst und freue mich auf die nächsten Tage mit meinen Liebsten. Und da darf ein Kuchen-Date mit meinem Freund Justus auf gar keinen Fall fehlen.

Justus und ich sind beide Autoren und haben uns letztes Jahr auf einem Podcastfestival kennengelernt. Justus stand mir damals mit zitternden Händen in der glühenden Augusthitze gegenüber, bevor er selbst auf die Bühne musste, um einige seiner Kolumnen zu lesen. Er war in seiner Aufregung so entzückend, dass ich mich freundschaftlich sofort in ihn verliebte. Justus steht also mittlerweile auch auf der Liste der Menschen, die ich versuche zu treffen, wenn ich mich mal wieder aus Hamburg auf den Weg in die Hauptstadt mache, in der ich eine Weile gelebt habe.

Und weil ich manchmal einfach nur Raum für mich selbst brauche – zum Denken, Fühlen und Auftanken –, habe ich mir dieses Mal eine eigene Wohnung in meinem alten Kiez am Boxhagener Platz über Airbnb gemietet, anstatt wie sonst bei meinem besten Berlin-Freund Rick zu übernachten. Ich liebe es, für einige Tage wieder ganz in diese alte Welt einzutauchen und ein Teil von ihr zu werden. Auch wenn ich mir momentan gar nicht mehr vorstellen kann, wieder in Berlin zu leben. Mich aber für kurze Zeit wieder ein bisschen dort zu Hause fühlen, das mag ich. Das mag ich sehr.

»Und, wie ist die Wohnung?«, fragt Justus, als er mich von meiner Ferienwohnung zu unserer Kuchenverabredung abholt. Unser Ziel: das Kaffeehaus KuchenRausch in Friedrichshain.

»Ich bin ja keine Innendesigntante«, meine ich belustigt, »aber diese Einrichtung! Ich sag dir, wie es ist: Das ist nix. Alles ist komisch zusammengewürfelt: irgendwelche schrägen Skulpturen, alte Schuhe, die als Blumentöpfe umfunktioniert wurden, und Schädel von toten Tieren an der Wand. Die Tischplatte im Esszimmer ist eine alte Tür – wobei das ja noch ganz cool sein kann. Das Schlimmste ist aber die Deckenlampe. Das ist so ein Designerteil, dessen schwarze Kabel wild über die ganze Decke gespannt sind, und das sieht schlichtweg nur nach Spinnennetz und gruselig aus. Einfach, weil das Zimmer für diese riesige Lampe – ich würde es eher Lichtinstallation nennen – viel zu klein ist. Auf den Fotos auf der Airbnb-Seite kam das alles irgendwie ansprechender rüber als in echt.«

»Ach du meine Güte.« Justus lacht. »Das heißt, im Wohnzimmer wirst du schon mal keinen Sex haben, wenn ich dich richtig verstehe?«

»Auf gar keinen Fall! Ansonsten ist die Wohnung aber richtig schön und gemütlich. Das Bett steht auf so einem Podest, sodass ich direkt aus dem Fenster gucken kann. In das Bett könnte man schon jemanden einladen. Ich müsste allerdings erst mal jemanden finden, mit dem ich schlafen wollen würde.«

»Ach, da hast du doch sicher noch ein, zwei Nummern von irgendwelchen Verflossenen in deinem Telefon«, wirft Justus ein und bedeutet mir liebevoll, am Zebrastreifen doch kurz zu warten und nicht in das heranrollende Auto zu rennen.

»Apropos!« Ich warte das Auto ab. »Justus, was noch viel krasser ist als dieses schreckliche Lampending: Ich war schon mal da!«

»Wie, du warst schon mal da? In der Wohnung?«, Justus guckt mich erstaunt an.«

»In dieser Wohnung nicht, aber in der gegenüber«, … in der mittlerweile scheinbar ein dauerzugekiffter Mensch wohnt, denke ich so bei mir.

Denn als ich mit dem Schlüssel in der Hand im Hausflur des rechten Hinterhauses ankam und mich mit schwerem Rucksack bepackt langsam die Stufen hochschleppte, roch alles nach Gras. Der Hausflur war komplett abgeranzt und je höher man kam, desto stärker wurde der Geruch. Er oder sie verwandelte den kompletten Hausflur in eine riesige Gratisbong für alle Bewohner des Hauses. Für mich, die das Zeug so gar nicht verträgt, ein eher unattraktives Angebot, aber ich kann ja gönnen. Es war für mich eh viel spannender, in meiner gedanklichen Unterwelt zu forschen und herauszufinden, warum mir dieses ganze Haus und dieser Seitenflügel so bekannt vorkamen.

»Warum warst du denn da? Und wann überhaupt?«, unterbrach Justus meine Gedanken. »Als du noch hier gewohnt hast?«

»Nee, es müsste mittlerweile tatsächlich ungefähr zwölf Jahre her sein.«

Gleich sind wir endlich im KuchenRausch angekommen.

»Zwölf Jahre? Wie alt warst du denn da? Da musst du ja noch ein Teenager gewesen sein.« Justus grinst.

»Danke, das ist sehr lieb von dir, guter Freund«, entgegne ich, »aber ich muss so 22 oder 23 Jahre alt gewesen sein.«

»Jetzt erzähl endlich.« Justus hält mir die Tür zum Café auf, an dem wir endlich angekommen sind. Die warme, kaffeeduftgetränkte Luft stößt uns entgegen und alles fühlt sich gleich wohlig und warm an.

»Ich hab jemanden besucht. Ich hab Jonah besucht.« Ich bahne uns einen Weg durch das jackenbehängte Stuhllabyrinth des vollen Lokals.

»Wer ist denn Jonah? Von dem hast du mir noch nie erzählt.« Justus zeigt auf den einzig freien Tisch ganz hinten in einer Ecke.

»Das ist ja auch schon Ewigkeiten her. In Jonah war ich verliebt, als Max und ich damals während meines Studiums getrennt waren. Und na ja, es war kompliziert.« Ich lasse mich auf einen der Stühle an dem Tisch nieder.

»Weil …?«

Er zieht seine Jacke aus und hängt sie brav an einen Kleiderhaken an der Wand.

»Ach, weil er vergeben war.« Ich kämpfe mit meinem seit Tagen klemmenden Reißverschluss. »Seine Freundin war im Ausland und Jonah und ich haben uns ziemlich gut verstanden und fanden uns wahnsinnig heiß. Wir waren damals eine Clique von ein paar Jungs und Mädels und was soll ich sagen: Im Nachhinein denke ich, wir hätten uns viel Schmerz, Leid und Eis erspart, wenn wir ganz am

Anfang einfach alle miteinander in die Kiste gesprungen wären.« Ich lache und bin erleichtert, als meine Jacke endlich aufgeht und ich das Ding ausziehen kann.

»Aber das wäre auch nur halb so aufregend gewesen, vermute ich mal.«

Damit hat Justus recht. Es war aufregend. Alles war für mich zu dieser Zeit aufregend. Ich war aus meiner Heimatstadt nach Göttingen gezogen und hatte mein Studium begonnen. Erste eigene Wohnung, erstes halb eigenes Geld in Form von BAföG und das erste Mal ein richtiger Neuanfang. Ich kannte niemanden. Aber noch viel wichtiger war: Mich kannte niemand.

Und nachdem mein jetziger Ehemann Max und ich uns getrennt hatten und ich eine schlimme Phase des Liebeskummers durchgemacht hatte, ging es langsam bergauf. Aber wirklich langsam – mein Kummer war so schlimm, dass ich mich an einem Samstagabend Bettwäsche bügelnd in meinem WG-Zimmer wiederfand, während sich so ungefähr jeder studierende oder halbwegs jung gebliebene Mensch irgendwo vergnügte. Ich meine, wer bügelt schon seine Bettwäsche?! Ich habe es davor nie getan und danach auch nie wieder. Warum auch? Aber meine Welt fiel so auseinander, dass ich krampfhaft versuchte, Ordnung in meinem Leben herzustellen und alles – im wahrsten Sinne – wieder glattzubügeln. Ich fühlte mich erst besser, als ich Jonah, Pavel, Fredi, Suse und ein paar andere Leute kennenlernte. Wir wurden eine feste Gruppe von Leuten, die irgendwann gefühlt alles zusammen machte. Wir kochten in der großen WG-Küche der Jungs – denn praktischerweise wohnten die drei zusammen –, schmissen Partys, zogen um die Häuser oder guckten zusammengekuschelt Filme auf dem großen WG-Sofa. Woher ich die Zeit und

Energie nahm, nebenbei auch noch zu studieren, ist mir bis heute ein Rätsel. Gerade in den Sommermonaten waren wir vor allem mit Ausgehen in unserem Stamm-Hip-Hop-Kellerclub, Katerfrühstück und Badeseenachmittagen beschäftigt. Und wie das in reellen Daily Soaps eben ist, bildeten sich natürlich immer wieder Pärchen oder lockere Affären zwischen all diesen flirtwilligen Anfang-20-Jährigen. Und eines dieser Nichtpärchen waren Jonah und ich. Im Sommer 2006. Wir knutschten heimlich und irgendwann nicht mehr ganz so heimlich – ich erzählte meiner besten Freundin Suse natürlich alles – an Häuserwänden, die noch warm von der Sommersonne des Tages waren. Kuschelten unter der Decke, während alle anderen gebannt auf den Fernseher schauten. Oder übten laut lachend die *Dirty-Dancing*-Hebefigur im Baggersee.

»Oh mein Gott«, Justus ist ganz angetan, »das klingt so schmalzig-süß wie das Baiser auf dem Kuchen, den ich mir gleich gönne.«

Und da kommt auch schon die Bedienung, als hätte sie nur auf ihr Stichwort gewartet. Wir bestellen beide Kaffee und ein dickes Stück Torte und wenden uns dann sofort wieder einander zu.

»Und wie bist du dann hier in Berlin mit Jonah in der Straße gelandet, in der du gerade über Airbnb wohnst?«, will Justus wissen.

»Jonah hat nach unserem Knutsch-Sommer sein Studium geschmissen und ist nach Berlin gezogen.«

Ich hoffe, dass unsere Bestellung bald kommt und ich meine Hände an der warmen Tasse wärmen kann.

»Oha. Und dann? Warst du da nicht furchtbar traurig? Ich dachte, du warst verliebt in ihn.« Justus klingt besorgt.

»Ja, schon ein bisschen«, antworte ich »Aber nach diesem Sommer hatte ich auch wieder sehr viel Kontakt zu Max. Der war ja zu dem

Zeitpunkt in Neuseeland und da hat sich zwischen uns über die Distanz so ganz langsam wieder was angebahnt.«

»Ah, verstehe.« Justus kramt in seiner linken Hosentasche nach einem Taschentuch.

»Ja, und unabhängig davon hat Jonah auch nie Anstalten gemacht, sich von seiner Freundin zu trennen und aus unserer Freundschaft und Knutscherei mehr zu machen«, erzähle ich weiter. »Wir hatten bis dato auch nie miteinander geschlafen oder so. Und als Paar hätten wir am Ende ehrlich gesagt auch nicht gut zusammengepasst. Ich war einfach so und ohne Ziel ziemlich verknallt. Und ich glaube, er auch«, grinse ich und erinnere mich an das schöne aufregende Gefühl zurück.

»*Bis dato* nicht miteinander geschlafen, sagst du? Das heißt?«, bohrt Justus nach.

»Ich hab ihn ein paar Wochen bevor Max aus Neuseeland wiederkam in Berlin besucht.« Ich muss wieder grinsen.

»Und? Wie war das genau? Erzähl!« Justus setzt sich vor Aufregung kerzengerade hin, wie er es immer tut, wenn es spannende Neuigkeiten zu erfahren gibt.

»Also. Ich besuchte Jonah über ein ganzes Wochenende im Frühling und es war schon Badewetter. Wir fuhren an den Müggelsee und ich weiß noch genau, wie wir beide in den See gesprungen sind und ich ihn am liebsten geküsst hätte, mich aber nicht traute.«

Die Kellnerin bringt uns die bestellten Köstlichkeiten.

»Jonah wusste, dass ich wieder mit Max in Kontakt stand, und ging fälschlicherweise davon aus, dass er und ich uns dementsprechend nur als Freunde trafen. Ich hatte aber mit Max gesprochen und sein Okay, mit Jonah zu schlafen, wenn ich das wollte.«

»Ah, das waren quasi schon die Vorreiter eurer offenen Beziehung.«

»Stimmt eigentlich.« Ich schütte Zucker in meinen Milchkaffee.

»Na ja, Jonah wusste davon jedenfalls nichts und machte dementsprechend keine Anstalten, auf mich zuzugehen. Was mich wiederum so verunsicherte, dass ich es nicht wagte, den ersten Schritt zu machen.«

»Du sagst doch sonst immer, was du willst.« Justus guckt beseelt auf das riesige Stück Torte, das vor ihm auf dem Tisch steht.

»Ja, ich weiß«, gebe ich zu und genieße, wie die heiße Tasse meine Finger langsam auftauen lässt.

»Aber?«, fragt er nach.

»Ich war jung und musste noch lernen, den ersten Schritt zu machen und nicht nur den Weg für den Typen zu ebnen«, erkläre ich. »So ganz doll und deutlich zu werden, traute ich mich damals nicht. Weil er sich nicht traute. Heute würde mir das so nie wieder passieren, da geh ich im Zweifel lieber mit einer Abfuhr nach Hause, als mich danach verärgert zu fragen, ob es hätte klappen können.«

»Und was hast du dann unternommen?«

Ich muss grinsen, wenn ich daran denke, wie dieses Wochenende so ablief. Ich machte so einiges, das irgendwie subtil war, sich aber in meiner Welt anfühlte wie das Winken mit einem ganzen Zaun. Zum einen unternahmen Jonah und ich tatsächlich viel. Waren am See, beim Karneval der Kulturen und Tanzen, bis die Sonne aufging. Lauter Situationen, in denen wir uns hätten lachend in die Arme fallen und küssen können, wie es in diesen Schnulzenfilmen immer passiert. Aber nein. Wir fielen uns zwar lachend in die Arme – aber nichts geschah. Kein Kuss, kein langer Blick, rein gar nichts. Ich musste also härtere Geschütze auffahren, wenn ich wollte, dass zwischen uns etwas passierte. Und das wollte ich.

Da es an diesem Wochenende superheiß war und sich die Hitze auch in Jonahs Wohnung staute, kam ich auf die glorreiche Idee, einfach ein bisschen öfter duschen zu gehen, als es eigentlich notwendig gewesen wäre. Und warum muss man sich danach eigentlich sofort wieder anziehen? Man kann ja auch etwas länger nur mit einem Handtuch bekleidet durch die Wohnung laufen und so den anderen daran erinnern, dass es auch eine nackte Version der eigenen Person gibt. War ja auch sehr heiß, warum also auch nicht?

Noch Jahre später machten Jonah und ich uns über diese leicht seltsame Aktion lustig. Darüber, dass ich die ganze Zeit versuchte, ihn durch Gesten dieser Art auf die richtige Fährte zu locken, und darüber, dass Jonah einerseits einfach schwer von Begriff war und andererseits das Richtige tun wollte. Denn natürlich war es für Jonah eine Qual, mich immer und immer wieder halb nackt durch seine Wohnung marschieren zu sehen. Er wollte sich aber korrekt verhalten und unsere Freundschaft nicht gefährden. Und ich war jung und nicht mutig genug, um einfach das Handtuch fallen zu lassen und ihn an mich zu ziehen.

Doch Jonah war damals für mich schwer zu lesen. Wir verstanden uns so super wie immer. Lachten über sehr viel Unsinn, zogen singend durch die Straßen. Aber ich hatte keine Ahnung, ob er mehr wollte. Ob auch er mich nachts um halb zwei auf der Terrasse vom Watergate unterm Sternenhimmel küssen wollte. Oder sich wild mit mir durch die Laken rollen und alles andere egal sein lassen wollte. Ich sah ihn an und konnte es einfach nicht sagen.

Als jedoch unser letzter Abend anbrach und sich immer noch nicht wirklich etwas tat, außer etwas zu langen Blicken und einem schüchternen »Schlaf schön«, während wir uns wegdrehten, machte sich doch ein wenig Enttäuschung breit. Denn ich wollte ihn wirklich gerne noch einmal so küssen wie früher. Und weiter gehen als unsere süße Fummelei bisher. Und weil ich merkte, wie viel Lust ich auf ihn hatte, aber keine darauf, leicht frustriert nach Hause zu fahren, entschied ich mich, das Risiko in Kauf zu nehmen, dass er mich von sich runterschubsen und sagen würde: »Hey, Anna, spinnst du? Wie kommst du nur auf den Trichter, dass das hier 'ne gute Idee sein könnte?!« Ich nahm mir also vor, endlich mutig zu sein.

»Was ich unternommen habe, willst du wissen?«, grinse ich Justus an und schiebe mir ein großes Stück Schokoladentorte auf meine Gabel. »Am Ende war es natürlich das Einfachste der Welt und ich musste gar nicht so viel machen. Lächerlich wenig eigentlich.«

»Was war es? Erzähl!« Justus ist gespannt.

Das war ich auch, als ich damals – wieder mal nur mit einem Handtuch bekleidet – aus dem Badezimmer trat. Wir wollten eigentlich gleich ins Bett gehen und schlafen, da mein Zug nach Göttingen am nächsten Morgen schon sehr früh abfuhr. Als ich in sein Zimmer kam, hatte er das Licht bereits gedimmt und zog gerade die Vorhänge zu. Nur in Boxershorts und T-Shirt gekleidet stand er also vor dem Fenster und drehte sich zu mir, als ich den Raum betrat. Ich ging auf ihn zu und irgendwie war klar, dass etwas anders war als an den Abenden zuvor. Wir sagten beide nichts, ich ging weiter auf ihn zu und sah ihm in die Augen.

Und am Ende war es genau das. Meine Augen sagten alles. Und als ich dann wortlos meine Hand nach seiner ausstreckte und ihn ein klein wenig zu mir zog, war alles klar.

Und dann küssten wir uns. Endlich. Ein Kuss, der sich wie eine kleine Erlösung anfühlte. Endlich waren wir uns nah, endlich spürte ich seine Lippen auf meinen.

Und mit der Aufregung dieses lang ersehnten Kusses kamen mir all die alten Bilder wieder in den Kopf. Ich erinnerte mich an unsere heimlichen Küsse nachts im Badesee, bei denen ich eigentlich schrecklich gefroren, aber diesen Moment noch länger hatte festhalten wollen. Oder an unsere wilden Fummeleien auf Jonahs Sofa, nachdem all die anderen schon in ihre Betten verschwunden waren. Es fühlte sich damals so heiß und verboten an, auch wenn jede dieser Begegnungen ohne echten Höhepunkt und ohne, dass wir miteinander schliefen, endete.

All diese Situationen waren wie ein ewig langes Vorspiel gewesen, das nun die Chance hatte, bis zum Ende ausgereizt zu werden. Knutschend suchten wir uns den Weg bis zu Jonahs Bett und ließen uns etwas ungelenk darauf fallen. Wir kicherten. Auch das war wie damals. Unsere Hände suchten sich ganz vorsichtig ihre Wege über unsere Körper. Mein Handtuch war durch den Fall auf das Bett längst aufgegangen und so lag ich nackt vor ihm. Jonah zog sein T-Shirt aus und ich seine Boxershorts. Dann krochen wir unter die Bettdecke. Noch brauchten wir diesen geschützten Raum, um uns sicher zu fühlen und uns nah zu sein. Wir waren zwar beide irgendwie erfahren und uns auch vertraut, aber diese intime Situation war neu für uns beide. Unser Nacktsein war neu für uns. Keine Grenzen zu haben, war neu für uns.

Jonahs glatte Haut fühlte sich wahnsinnig schön auf meiner an. Genau wie seine Hände, die meinen ganzen Körper entlangfuhren und dabei noch etwas unsicher waren. Er streichelte meine Brüste, kitzelte sie sanft mit seiner Zunge. Ich mochte das. Ich mochte, wie wir uns vorsichtig annäherten. So vorsichtig, dass wir lange nur dalagen und uns küssten, uns scheu, aber neugierig berührten. Ich hatte mittlerweile so große Lust auf ihn, dass ich es kaum aushalten konnte. Langsam streichelte sich Jonahs Hand nach unten zwischen meine Beine. Doch jedes Mal, wenn er kurz vor meinem Venushügel ankam, lenkte er um und fuhr weiter Richtung Oberschenkel. So ähnlich war es auch früher immer gewesen: Wenn es spannend wurde, war die Grenze erreicht. Doch dieses Mal wollte ich keine Grenzen, keine unausgesprochenen Linien, die wir nicht überschreiten und überstreicheln durften. Ich wollte mit Jonah schlafen, ich wollte ihn überall berühren. Und ja, ich wünschte mir, in seinen Armen zu kommen. Wenigstens einen der gefühlt tausend nicht erlebten Höhepunkte auszukosten.

Als sich Jonah erneut nicht traute, mich auch zwischen den Beinen zu berühren, deutete ich ihm – indem ich mein Becken so drehte, dass er quasi nicht an meiner Vulva vorbeikam –, dass seine Hand dort sehr willkommen war. Nach drei weiteren langatmigen Bahnen von der Schulter über die Brust runter bis zum Becken landete seine Hand endlich dort, wo ich sie so gerne haben wollte. Doch leider nicht ganz genau dort, wo ich es am liebsten mochte.

Nachdem Jonah zuerst einen Finger in meine Vagina eingeführt hatte, um ihn jedoch gleich wieder herauszuziehen – es fühlte sich wie ein kleines »Ah, okay, hier kann man also tatsächlich rein« an –, fing er an, mit seinen Fingern eine Stelle zu umkreisen, die definitiv nicht meine Klitoris war. Nein, es war eine Stelle zwischen Klitoris und Vaginaeingang. Wahrscheinlich meine Harnröhre? Ja, es war ein bisschen so, als würde er mit zwei Fingern meine Harnröhre massieren. Aua! Langsam fing es an, wirklich unangenehm zu werden. Zum einen, weil diese Stelle sich tatsächlich eher doof statt lustvoll für mich anfühlte, und zum anderen, weil er auch nicht weiter rumprobierte, sondern in aller Seelenruhe und ohne einen Laut von sich zu geben weiter seine Mission verfolgte. Ich kam mir langsam wirklich komisch bei der ganzen Sache vor. Meine Lust wurde mit jedem seiner Harnröhrenmassagekreise weniger. Ich musste etwas tun, so hatte ich mir unsere erste heiße Sexnacht nun wirklich nicht vorgestellt. Aber was? Wenn ich anfing, ihm einen zu blasen oder mich auf ihn zu setzen, so dachte ich bei mir, habe ich meine Chance auf einen Orgasmus vertan. Denn, so war meine damalige Überzeugung, ich konnte nur durch Streicheln oder Lecken zum Orgasmus kommen. Und wenn wir jetzt anfingen, miteinander zu schlafen, und er dann käme, wäre der Drops für mich ziemlich sicher schon gelutscht. Und das wollte ich nicht. Ich wollte durch sein Fingerspiel zum Höhepunkt kommen.

Ich kam auf eine Idee. Ich musste mich unter seinen Fingern einfach selbst in die richtige Position bringen. Ja, das wäre eine Möglichkeit, freute ich mich über meinen genialen Einfall. Und so versuchte ich, ohne dass er es mitbekäme, durch laszive Verrenkungen auf der Matratze ein paar bedeutsame Zentimeter weiter nach unten zu rutschen, in der Hoffnung, dass seine Finger so endlich auf meiner Klitoris landen würden.

Aber nein. Das taten seine Finger natürlich nicht. Mist. Sie wanderten einfach mit, und so war alles wieder wie vorher. Warum kann das nicht einfach klappen?, fragte ich mich ungeduldig. Warum weiß Jonah nicht, wo meine Klitoris ist? Hat der beim Aufklärungsunterricht nicht aufgepasst? Hatte er keine Exfreundin, die ihm das hätte beibringen können?

Mist. Hatte er scheinbar nicht. Ich musste ihm das beibringen und die Rolle der Lehrerin übernehmen. Also, ich musste nicht. Aber wenn ich hier heute Abend noch irgendwie zum Zug kommen wollte, sollte ich es tun. Und als solidarische, emanzipierte Frau dachte ich natürlich auch an alle meine Nachfolgerinnen, die vielleicht auch mit ihm schlafen und einen klitoralen Höhepunkt erleben wollten.

Ich musste es anders angehen, als mich durch subtiles Unter-seinen-Händen-Herumschlängeln in die richtige Position zu bringen. Funktionierte bei Jonah offensichtlich eh nicht. Ich dachte: Vielleicht sag ich einfach was. Ja, das sollte ich, sprach ich mir selbst gut zu. Das ist vielleicht wirklich das Beste. Einfach direkt sein. Ich meine, was ist schon dabei? Kann man doch mal machen. Einfach nicht groß nachdenken und ansprechen.

»Du?«, murmelte ich leise in seine Fingerkreise hinein.

»Ja, was ist denn?«, fragte Jonah, hielt inne und guckte mir gespannt in die Augen. Und dann nahm ich all meinen Mut zusammen, denn was hatte ich jetzt noch groß zu verlieren? Also, einfach raus damit, dachte ich mir und sagte einfach das, was mir als Erstes in den Sinn kam: »Hast du eigentlich irgendeine Ahnung, wo die Klitoris ist?«

»Ganz im Ernst, Anna«, guckt mich Justus halb entsetzt, halb belustigt an und schlägt die Hände über dem Kopf zusammen. »Wäre ich hetero und du hättest das zu mir gesagt, ich hätte angefangen zu heulen und wäre weggerannt! Das ist so ungefähr das Schlimmste, das du zu einem Mann in so einer Situation sagen kannst!«

»Ja, ich weiß«, bringe ich unter Lachen hervor und vergrabe mein Gesicht in meinen Händen.

»Was hat Jonah denn dazu gesagt? Wie hat er reagiert? Oh Gott, mir ist das ja schon beim Zuhören peinlich.« Justus ist schon ganz rot angelaufen.

Ich muss immer noch lachen. »Also, er hat gesagt: ›Ja, ich glaube schon.‹«

Justus prustet los. »Na ja, offensichtlich weiß er es nicht.«

»Ja.« Ich beruhige mich langsam. Die Leute gucken schon zu uns rüber, weil wir so laut lachen. »Aber Justus, eins kann ich dir sagen: Nachdem ich dann seine Hand genommen und ihm alles sehr genau und kleinschrittig gezeigt habe, weiß er jetzt ziemlich gut, wie man eine Frau befriedigt.«

»Du hast also etwas Gutes für die Nachwelt getan.« Justus lacht.

»Ja, und ich hab mir selbst etwas Gutes getan. Was meinst du, was das für ein krasser Orgasmus war?«

»Aber zu fragen: ›Hast du eigentlich irgendeine Ahnung, wo die Klitoris ist?‹, das geht einfach nicht, Anna!« Justus guckt mich strafend an.

Ich entgegne entschuldigend: »Ich hab das auch nie wieder so gesagt. Das kam einfach so raus. Und klar war das der falsche Weg. Auch wenn wir am Ende im Ziel angekommen sind.«

»Das will ich ja wohl hoffen, dass das nie wieder vorkam! Der hat sich sicher nie wieder bei dir gemeldet, oder?«, fragt Justus.

»Doch, tatsächlich schon. Er fand das alles gar nicht so schlimm. Wir haben noch mal drüber gesprochen, und alles ist gut«, antworte ich. »Abgefahrenerweise treffe ich mich sogar übermorgen mit ihm.«

»Was, echt?« Justus guckt erstaunt. »Am Samstagabend? Ist das ein Date?«

»Nein, Quatsch. Der Dating-Zug ist schon vor Jahren abgefahren«, antworte ich. »Außerdem ist Jonah verlobt. Hab ich zumindest vor ein paar Monaten gehört. Wir treffen uns nur zum Dinner hier um die Ecke. Er hatte mich letzte Woche angeschrieben und gefragt, ob ich noch in Berlin leben würde, weil er beruflich in der Stadt sei.«

»Ach, dann wohnt er auch nicht mehr hier?« Justus trinkt seinen letzten Schluck Kaffee.

»Nee, wieder in Göttingen, soweit ich weiß.«

»Na, dann bin ich ja mal gespannt, wie das wird, Liebes.« Justus grinst verschwörerisch. »Wer weiß, vielleicht funkt es ja wieder zwischen euch und du kannst testen, ob er sich gemerkt hat, wo deine Klitoris ist.« Justus lacht laut auf und schiebt sich den letzten Happen Torte in den Mund.

Ich muss auch lachen: »Wir werden sehen.«

Nachdem Justus und ich uns verabschiedet haben, spaziere ich durch den kalten Berliner Nachmittag, um an der Warschauer Straße einige Einkäufe für meine Zeit hier zu erledigen. Während ich so durch die Straßen laufe, werde ich nachdenklich. Denn Justus ist vollkommen im Recht damit, mich mit meiner Aktion aufzuziehen. Ich bin in der Situation mit Jonah wirklich vollkommen übers Ziel hinausgeschossen. Zwar hatte ich Glück und er versicherte mir – als ich mich einige Zeit später für die plumpe und uncoole Art entschuldigte, mit der ich meine sexuellen Wünsche kommuniziert hatte –, dass alles in Ordnung sei und er sich darüber gar keine Gedanken gemacht habe.

Aber seitdem überlege ich mir immer sehr genau, wie ich im Bett sage und zeige, was ich will. Denn eine wertvolle Lektion hatte ich an diesem Abend gelernt: Sag, was du im Bett brauchst, und die Chancen stehen sehr gut, dass du am Ende sehr befriedigt wieder nach Hause gehst. Aber sei dabei liebevoll. Versuch es vielleicht erst mal damit, dass du die Hand des anderen dahin führst, wo du sie gerne hättest. Auf deiner Klitoris zum Beispiel. Zeig die Bewegung, den Druck, das Tempo, das dir gefällt. Daraus kann sogar ein kleines heißes Spiel werden. Sich dabei anzuschauen, leise zu stöhnen als Zeichen dafür, dass das, was gerade passiert, sich genau richtig anfühlt, gibt beiden Sicherheit. Und erhöht die Spannung zwischen euch. Und wenn du irgendwann vielleicht mehr willst, dann nimm wieder die Hand und schieb sie weiter nach unten. So weit, bis seine oder ihre Finger so tief in dir drin sind, wie du es magst. Und wenn dein Gegenüber nicht so richtig weiß, was zu tun ist, dann zeig es. Bewege dich mit deinem Becken und lenke die Hand.

In einer heißen Sommernacht, an eine Wand gelehnt, stöhnte ich einem Mann in einer solchen Situation mal ein »Fick mich mit deinen Fingern« ins Ohr. Er wusste dann genau, was ich wollte. Und das machte ihn wahnsinnig an.

Und andersrum will ich ebenso, dass mir der Mensch, mit dem ich schlafe, mitteilt, was er oder sie mag. Aber eben respektvoll und ohne dass ich mich vor den Kopf gestoßen fühlen muss. Ich will wissen, wo die Grenzen des anderen liegen, und ich will, nein ich *muss* meine eigenen Grenzen kommunizieren. Mein Körper und meine Lust sind meine Verantwortung. Das heißt zum einen, ihn zu schützen und gut auf ihn aufzupassen. Und zum anderen auch, ihm Gutes zu tun. Und mein Körper liebt es nun mal, gestreichelt, geleckt, verführt zu werden. Auf ganz unterschiedliche Spielarten.

Und ich kann dafür sorgen, dass, wenn ich einem anderen Menschen nahekomme, sich sehr vieles sehr schön anfühlt. Indem ich zeige und sage, wenn dem nicht so ist, und indem ich zu verstehen gebe, wenn sich alles einfach nur toll anfühlt. Und dabei müssen wir nicht warten, bis der oder die andere nachfragt. Wir dürfen den ersten Schritt machen. Wir dürfen damit anfangen, eine Stimmung, eine Basis zu schaffen, aufgrund derer wir offen miteinander sprechen können und sich alle unangenehmen Äußerungen und Gedanken plötzlich sehr normal und gelassen anfühlen.

Ich habe gelernt, dass es gar nicht so schwer ist, die Initiative zu ergreifen. Ganz im Gegenteil: Es macht Spaß! Den kleinen Adrenalinstoß zu spüren, wenn man sich traut, den anderen zu küssen oder zu verführen. Es erfordert am Anfang viel Mut. Und mit jedem Mal immer weniger. Dann wird es ganz von allein immer leichter und irgendwann so selbstverständlich, wie am Frühstückstisch zu fragen: »Gibst du mir bitte mal die Butter?«

Die Situation mit Jonah legte einen wichtigen Grundstein dafür, auch mit Männern, die nicht meine festen Beziehungspartner waren, in Bezug auf meine sexuellen Fantasien offen zu sein. Doch aller Anfang ist nun mal schwer. Mit meinem Mann Max hatte ich mir, wie so viele andere Paare auch, eine Vertrauensbasis geschaffen, die es uns leichter machte, uns von unseren (sexuellen) Wünschen und Bedürfnissen zu erzählen. Aber bei Männern, die ich traf, um Spaß zu haben, mit denen ich eine Affäre hatte, musste ich im Laufe der Jahre erst lernen, so direkt zu sein. Da brauchte es anfänglich noch sehr das Gefühl einer besonderen Verbindung. Vertrauen, um mich zu trauen. Und es brauchte Mut. Und Neugierde. Und nicht zuletzt meine Lust, die gestillt werden wollte.

Durch mein Gespräch mit Justus wird mir noch einmal mehr klar, dass ich doch eine ganz schöne Entwicklung hinter mir habe. Ich bin eine starke und selbstbewusste Frau, die sehr genau weiß, was sie will. Und die sehr genau weiß, was sie nicht will. Ich bin Ehefrau, Liebhaberin und beste Freundin. Und ich dachte immer von mir, dass ich wenig Schamgefühle, Schüchternheit und Zurückhaltung besitze, aber während ich mich an mein Leben zurückerinnere, wird mir klar, dass ich nicht immer die war, die ich heute bin.

Ich begegnete meinem Ehemann Max, von dem ich lernte, was wahre Liebe bedeutet. Und ich begegnete Menschen wie Moritz, Luca, Tommy oder Yannik, mit denen ich Geschichten erlebte, die mich wertvolle Dinge haben lernen lassen. Oder Paula, Silvie und Rick, die mir auf anderem Wege etwas für mein Leben mitgaben.

Ich laufe durch die Simon-Dach-Straße, vorbei an den Restaurants, die vor allem im Sommer auf Touristenabfertigung ausgelegt sind, da fällt mir ein Pärchen ins Auge. Ein Junge und ein Mädchen, schätzungsweise um die 16 Jahre alt, die, an die kalte Wand gelehnt, zaghaft rumknutschen. Süß, denke ich. Die Blicke der anderen, die Kälte, all das scheint sie in ihrer Verknalltheit nicht zu stören. Und da fällt mir plötzlich Tim ein, dem ich zu einer Zeit begegnete, in der ich noch weit davon entfernt war, ganz ich selbst zu sein.

2. Schritt für Schritt

Alles begann damit, dass Tim und ich die Party verließen und hinter einer Garage anfingen rumzumachen. Es roch nach Pisse und ich weiß noch, dass ich das alles weitaus weniger heiß und aufregend fand, als ich es mir nur Minuten vorher noch ausgemalt hatte. Aber ich sagte nichts. Weder dass ich es besser gefunden hätte, einen weniger ekligen Ort aufzusuchen, noch dass das, was seine Finger in meiner Vagina taten, mir so gar keine Lust verschafften. Ganz im Gegenteil. Ich war so trocken untenrum – wer sollte es mir bei seinem wilden Herumgestochere verübeln? –, dass es langsam scheuerte.

Später sagte ich ihm auch nicht, dass er sich das nächste Mal bitte die Hände waschen solle, bevor er sich an meiner Vagina vergreift. Denn von diesem furchtbaren Versuch, mich irgendwie heiß zu machen – wobei ich mir gar nicht sicher bin, ob das bei einem 17-jährigen Hansel überhaupt erste Priorität ist oder ob es nicht in erster Linie darum geht, überhaupt mal ein weibliches Geschlechtsorgan aus der Nähe zu untersuchen –, fing meine Vagina einen Tag später an zu jucken. Ich hatte mir einen Scheidenpilz eingefangen. Kein Wunder, weiß ich heute. Doch damals war es eine peinliche Katastrophe, die ich nur bewältigen konnte, weil ich mich traute, meiner Mutter von meinem schmerzenden Juckreiz zu erzählen, die mir kurzerhand das geeignete Mittel aus der Apotheke besorgte. Google gab's ja noch nicht, wo ich hätte »Hilfe, Scheide brennt« eingeben können, um bei gutefrage.de die perfekte Ferndiagnose von Cupcake_Gabi52 entgegenzunehmen.

Ich sagte Tim auch nicht, dass er mir eigentlich ganz gut gefiel und ich seine Küsse mochte. Na ja, um ehrlich zu sein, war ich ziemlich verknallt in Tim. Allein schon deshalb, weil er einer der drei Schulschwärme war und es sich damals so gehörte, diese Jungs gut zu finden. Es wäre quasi Hochverrat am Geschmack der ganzen Unterstufe gewesen, wenn ich ihn hätte abblitzen lassen. Aber tatsächlich mochte ich ihn auch unabhängig davon.

Aber weder das noch irgendwas von meinem Scheidenpilz oder dass ich ihn gerne mal so treffen würde, ohne dass wir nach irgendeiner Party zusammen »abstürzten«, wie wir es damals nannten, sagte ich ihm. Denn das machte man irgendwie nicht.

Ich war 16 Jahre alt, lebte in einer mittelgroßen norddeutschen Stadt und ging auf eine Gesamtschule. Hoch im Kurs stand auf dieser Schule neben dem obligatorischen Curriculum ein gutes Sozial- und Kommunikationsverhalten. Seit der fünften Klasse wurden wir dahingehend sozialisiert, Dinge offen und demokratisch miteinander zu besprechen, und so wurde im Stundenplan extra Zeit für den »Klassenrat« eingeplant. Immer freitags saß die Klasse im Stuhlkreis zusammen und besprach einen TOP (Tagesordnungspunkt) nach dem anderen. Mit einem Redestein natürlich, den derjenige in der Hand hielt, der gerade damit dran war, sein Herz auszuschütten.

Wir besprachen in diesem Klassenrat Organisatorisches, aber auch immer wieder Probleme, die es unter uns Mitschülern gab. Da gab es Leo, den Klassenclown, von dem viele genervt waren. Oder Sarah, die das Gefühl hatte, immer wieder ausgeschlossen zu werden. Und auch meine Person wurde dort schon mal besprochen. Mal hieß es, ich würde mich zu sehr in den Mittelpunkt drängen oder dass ich bevorzugt würde, weil ich an der Schule so viel Musik machte und ich deshalb zu irgendwelchen Musicalproben anstatt zum regulären Unterricht musste. Ich weiß noch, wie tief es mich traf, meinen Namen an der Tafel zu lesen. Was hatte ich falsch gemacht? Wieso wusste ich von nichts?, fragte ich mich still und mit glühenden Wangen.

Es verletzte mich, weil ich mit dieser Ambivalenz nicht ganz klarkam: Zum einen war ich für meine Talente bekannt und beliebt – ich sang, tanzte und schauspielerte in Schulmusicals, Theaterstücken oder in der Schulband – und gleichzeitig war ich dafür verhasst. Meine Lehrer förderten und unterstützten mich in meinem Vorankommen und mir selbst machte das alles enorm großen Spaß. Aber der Gegenwind, der ab und an aus meinen eigenen Reihen kam, schmerzte mich. Ich war damals zu jung und nicht selbstbewusst genug, um zu verstehen, dass Menschen nun mal so ticken. Dass sie vielleicht neidisch waren und das nicht mit sich selbst ausmachen konnten oder wollten. Und dass es auch okay ist, nicht uneingeschränkt toll gefunden zu werden. Dass mich das gar nicht stören muss und es in Ordnung ist, wenn sich andere durch meine manchmal laute und präsente Art gestört fühlen. Ich muss nicht jedem zu jeder Zeit gefallen. Aber damals wollte ich eben noch von ganz vielen ganz doll gemocht werden.

Ich versuchte, mir meine Verletzung nicht anmerken zu lassen. Versuchte, in meinem Freundeskreis – in dem ich mich einigermaßen sicher fühlte und in dem viele andere junge Künstlerseelen steckten –, ich selbst zu sein. So gut das eben geht, wenn man sich gerade selber sucht. Ich war gerne aufgedreht, lachte laut über den ganzen

Schulhof und alberte herum. Ich liebte es, andere zu unterhalten und Quatsch zu machen. Ich war aber auch gerne leise, beobachtete, hörte zu. Nahm mit meinen Freunden Probleme auseinander, reflektierte und suhlte mich in Melancholie.

Und ich liebte die Bühne. Sie war lange Zeit ein sicherer Ort für mich. Dort konnte ich mich spüren. Und ich konnte die anderen spüren. Ich liebte es, die Menschen mit meiner Stimme zu berühren, in meinen Bann zu ziehen. Auf der Bühne gab es für mich keine Ambivalenz. Dort fühlte ich mich gewollt.

Aber sobald ich wieder unten war, sobald ich zu Hause, auf dem Schulhof, in meiner Klasse war, nahm ich mich immer wieder zurück, aus Angst, nicht zu gefallen. Versuchte, den Mittelweg zu finden zwischen meinem Temperament und dem gewünschten Ich. Zwischen mir selbst und den anderen. Ich fragte mich: Wie muss ich sein, damit ich anderen nicht zu viel bin und sie mich mögen? Und kann ich dabei trotzdem ich selbst bleiben?

Diese Fragen darüber, ob ich so, wie ich bin, in voller Gänze erst mal okay bin oder nicht, beschäftigten mich schon vor diesen Klassenratsgesprächen. Aber angemerkt hätte man es mir niemals. Ich hatte meine Unsicherheit mit mir selbst ausgetragen, so wie wir es wahrscheinlich alle taten. Irgendwann sprach man vielleicht mit der besten Freundin darüber. Aber hätte man zu der Zeit meine Mitschülern nach meinem Selbstwertgefühl gefragt, hätten sie mit Sicherheit gemeint: »Anna? Sie ist eines der selbstbewusstesten Mädchen, das ich kenne. Die traut sich alles!« Und es stimmte auch. Aber das Gegenteil stimmte eben genauso.

»Cool, dass du heute gekommen bist«, sagte Tim und zog sich die Boxershorts wieder an.

Ich kramte ebenfalls nach meiner sehr tief sitzenden Hotpants –
das trug man damals im Zusammenspiel mit ebenso unter den
Hüftknochen sitzenden hautengen Jeans – und meinem Trägershirt.
Kuscheln nach dem Sex, das hatten wir schon geklärt, wollte Tim
nicht. Wenigstens trafen wir uns mittlerweile unabhängig von irgendwelchen Partys. Wir verabredeten uns. Was Tim von unseren Treffen wollte, war rumhängen, mit mir schlafen, wieder ein bisschen
rumhängen – aber eben ohne kuscheln. »Sonst ist es halt voll wie in
einer Beziehung«, meinte er. Genau genommen hatten nicht wir das
mit dem Nichtkuscheln geklärt, sondern Tim. Ich hätte das nämlich
ziemlich schön gefunden. Genauso, wie ich es schön fand, dass wir
nach dem Sex auf der Treppe des Hintereingangs von Tims Elternhaus zusammen rauchten und über unsere Familien sprachen. Etwas,
das Tim scheinbar nicht zu beziehungshaft fand. »Ich rede da eigentlich mit keinem drüber«, hatte er einmal zugegeben, als er ein wenig
geknickt über die schwierige Beziehung zu seinem sehr erfolgreichen
Vater sprach.

Im Bett sprachen wir jedoch nicht miteinander. Und über unseren
Sex auch nicht. Weder darüber, was uns gefiel, womit er mich vielleicht hätte zum Orgasmus bringen können, oder dass ich ein wenig
mehr Forschergeist in Bezug auf meine Vagina toll gefunden hätte,
noch darüber, was wir vielleicht nicht mochten. Ewiges Rumram-
meln beispielsweise. Manchmal hatte ich das Gefühl, einen Porno
mit ihm durchzuspielen. Nur eben ohne wirklichen Ton, ohne lautes
Gestöhne und Dirty Talk. Wir turnten jedwede Stellung durch und
verausgabten uns still, bis wir schwitzend in die Laken fielen und
Tim sein Asthmaspray vom Nachtschrank holen musste. Gefühlvol-
ler, sanfter, inniger Sex ging nicht, weil – Überraschung – das wäre ja
zu beziehungshaft gewesen. Also ging nur wildes Herumgebumse, das

ich teilweise auch mochte. Aber eben nicht ausschließlich und über eine Stunde hinweg. Ich kam kein einziges Mal. Aber davon erfuhr Tim nichts, weil ich es jedes Mal vorspielte. Vor allem dann, wenn ich wollte, dass es vorbei war.

Im Bett war ich selbst zu sein und meine Bedürfnisse zu äußern zum Zeitpunkt meines 16-jährigen Ichs eben nur so halb okay. Ich hatte es zwar immer gesagt, wenn ich Schmerzen hatte oder mir irgendetwas tatsächlich zu weit ging. Aber ich hatte mich viel zu wenig bemerkbar gemacht, wenn es um meine Lust ging. Meine Lust und meine Wünsche als Kompass zu nehmen, hatte ich zu dem Zeitpunkt noch nie so richtig probiert. Und um ehrlich zu sein, hatte ich auch noch gar nicht auf dem Schirm, dass das generell eine super Idee sein könnte: sich selbst an dieser Stelle sehr wichtig zu nehmen.

René war der Einzige, mit dem es knapp zwei Jahre zuvor etwas anders gewesen war. Er war meine Jugendliebe und über ein Jahr mein erster fester Freund. Mit ihm erlebte ich meine ersten zaghaften Küsse, meinen ersten richtigen Zungenkuss und später auch mein erstes Mal. Wir waren beide sehr verliebt und sehr frühreif. Und so gab es – zumindest für mich – niemanden in meinem Freundeskreis, mit dem ich über all meine neuen Erfahrungen wirklich hätte sprechen können. Ich hatte zwar eine Mädels-Clique, mit der ich super über alle möglichen Gefühlsduseleien reden konnte, aber so richtig über Sex mit all seinen Details zu plaudern, ging irgendwie nicht. Weil sie selbst eher wenige Erfahrungen hatten und ich diejenige war, die irgendwann die Tipps und Tricks kannte und weitergab.

Tatsächlich war es meine Mutter, die ich um Rat fragte, als es mir wehtat, wenn René und ich versuchten, miteinander zu schlafen. Ich fragte mich, ob mein Körper – im Speziellen meine Vagina – überhaupt für Sex gebaut war. Denn jedes Mal, wenn René versuchte, in mich einzudringen, hatte ich Schmerzen und die Befürchtung, dass ich viel zu eng oder sein Penis zu groß sein könnte. Beides war am Ende natürlich nicht der Fall, aber ich war verunsichert.

Der kurz vor der Rente stehende grauhaarige und sehr nette Frauenarzt, zu dem mich meine Mutter schleppte, sah die Sache locker und entspannt und riet auch mir dazu. Er befand, dass mit meiner Vagina alles in Ordnung sei und dass ich einfach so gelassen sein sollte, wie es eben ging.

»Versuch, dich zu entspannen«, riet mir auch meine Mutter »Nehmt euch Zeit und vielleicht ist es gut, wenn er dich vorher schon so viel gestreichelt hat, dass du sehr feucht bist. Das erleichtert alles. Und dann macht ihr ganz langsam und du bestimmst das Tempo. Wenn es wehtut, dann sag Stopp und atme tief durch, und dann kann er vielleicht ein Stück weiter gehen.«

Ich war gleichzeitig dankbar und unangenehm berührt von diesem Gespräch. Doch am Ende der Nacht hat mich ihr Ratschlag gut durch mein erstes Mal gebracht. Und nicht nur das. Es war das erste Mal, dass ich mich traute zu sagen, was ich genau brauchte. Ich bekam von ihr quasi eine Schritt-für-Schritt-Anleitung dafür, zu sagen, was mir guttat. Stopp zu sagen, wenn ich mich nicht wohlfühlte. Die Führung zu übernehmen. Auf mich aufzupassen.

René und ich waren wahnsinnig verliebt ineinander und schafften es, in so jungen Jahren eine Vertrauensbasis aufzubauen, aus der heraus wir uns neugierig zusammen auf die Reise machen durften. Herausfinden durften, was wir selbst und der jeweils andere für Berührungen schön fanden. Wie sich Intimität anfühlte. Wie sich Nähe anfühlte. Stundenlang kuschelten und knutschten wir auf seinem Bett. Schrieben uns Liebesbriefe, spielten uns Lieder auf der Gitarre vor, trockneten die Rosen, die wir uns schenkten. Bis heute bin ich dankbar für diesen wunderbaren Start in mein Sexleben. Aber sexuelle Bedürfnisse beim Namen zu nennen, über alles tatsächlich sprechen zu können, davon waren wir noch ein Stück weit entfernt. Das mussten wir erst lernen.

In der Zeit mit René, in der es lange mehr ums Kuscheln und Heavy Petting und weniger um unterschiedliche Stellungen, Orgasmen und wilde Experimente ging, hatte ich Sex aus einer großen Verliebtheit und Lust heraus. Es ging mir vor allem darum, dem Jungen nah zu sein, den ich toll fand. Später veränderte sich das. Ich hatte Lust darauf, mich auszuprobieren. Auf Abenteuer, aufs Flirten, auf Experimente. Ich wollte mich erfahren und meine Grenzen kennenlernen. Mich kennenlernen.

Doch dann kam mir die Trennung meiner Eltern dazwischen und meine (halbwegs) beschauliche Welt fiel auseinander. Dass die beiden weder ein gutes Paar noch gemeinsam als Elternpaar funktionierten, lag auf der Hand, dennoch war es wirklich schlimm für mich. Weil mein Fundament wegfiel. Weil meine Familie zerbrach. Und im Nachhinein hab ich das Gefühl, dass keiner von uns – weder meine Mutter, mein Vater, mein jüngerer Bruder noch ich – wusste, wie das funktionieren sollte als Nichtfamilie. Wir schwebten im luftleeren Raum. Wussten nicht mehr, wo wir hingehörten. Waren orientierungslos. Und traurig. Ich fühlte mich wie innerlich verwundet. Einige Wochen lag ich stumpf und taub an die Decke glotzend in meinem Bett, das nicht mehr in meinem Elternhaus, sondern in irgendeiner Wohnung stand, die ich nicht mein Zuhause nannte. Mein Zuhause, das hatte ich nun nicht mehr. Die heftige Veränderung warf mich aus der Bahn und ein Teil meiner Leichtigkeit ging verloren.

Aber die Wochen vergingen und je mehr sich meine besten Freundinnen um mich kümmerten, für mich da waren und mich zum Lachen brachten, desto besser ging es mir. Schritt für Schritt. Nicht tief im Kern, aber ich konnte wieder ein halbwegs normaler Teenager sein. Ein Teenager allerdings, zu dessen Abenteuerlust sich eine Verlusterfahrung gesellt hatte, die ihre Spuren hinterließ. War ich wirklich nur auf der Suche nach Spaß oder suchte ich unbewusst doch mehr, wenn ich mich auf einen Jungen einließ?

»Ciao, bis Montag in der Schule«, sagte Tim, drehte sich ohne einen Kuss oder ein warmes Lächeln wieder um und schlief weiter, während ich am frühen Morgen meine Sachen und meinen Stolz von seinem Zimmerboden aufsammelte. Ich schlich mich leise aus dem Haus und war froh, seinen Eltern nicht im Flur oder draußen auf dem Hof zu begegnen, während ich mein Rad aufschloss. In all den Monaten hatte ich seine Eltern nicht kennengelernt, sie kein einziges Mal gesehen. Tim hatte in dem riesigen Haus den hinteren Bereich für sich allein, durch dessen Seiteneingang wir uns immer hineinschlichen. Ich fuhr durch den lauen, sonnigen Sommermorgen und die Vögel zwitscherten. Doch ich fühlte mich klein und leer. Mein emotionaler Kater wurde mit jedem Treffen schlimmer, denn irgendwas in mir wollte mir dringend sagen, dass mir die Sache mit Tim nicht guttat.

Tim und ich fühlten uns zwar zueinander hingezogen. Und ich mochte ihn und ich begehrte ihn. Und wir konnten gut miteinander reden. Aber ich glaube, wir waren beide tief in uns drin ein bisschen einsam und wussten nicht so richtig, was wir wollten und wohin mit uns selbst. Er war mir gegenüber nicht liebevoll, baute immer wieder Distanz auf. Wurde kühl und abweisend. Dann umgarnte er mich bei der nächsten Gelegenheit wieder. Doch ich fühlte mich zunehmend benutzt und schlecht, nachdem wir uns getroffen hatten. Weil ich mir gegenüber ein schlechtes Gewissen bekam. Weil ich mich selbst betrog. Denn ich bekam bei Tim nicht, was ich brauchte. Und trotzdem ließ ich mich immer wieder darauf ein, in der stillen Hoffnung, diesmal mehr zu bekommen. Ich hatte große Sehnsucht. Nach Nähe. Nach Geborgenheit. Nach Liebe. Ich wollte etwas Schönes, etwas Heiles. Was ich aus den Treffen mit Tim mitnahm, war vor allem Unsicherheit. Ich fühlte mich in dem einen Moment begehrt und im nächsten ungewollt. Es gab eine Zeit, da wollte ich eine Beziehung mit Tim. Später hätte ich mir auch eine Affäre vorstellen können, als sich meine unerwiderte Verknalltheit verflüchtigt hatte und ich neugierig auf andere Jungs wurde. Aber mit der Zeit spürte ich immer deutlicher, dass das alles auf Dauer so nicht gut für mich war. Ich wollte beim Sex auch Zärtlichkeit zulassen dürfen, egal ob Beziehung oder nicht. Ich wollte einen liebevollen und respektvollen Umgang. Und ich wollte Spaß, Sex und Abenteuer. Und ich wollte geliebt werden. Mich spüren.

Ich war auf der Suche. Auf der Suche nach mir selbst mitten in diesem ganzen Gefühlswirrwarr und ohne richtiges emotionales Zuhause. Am Ende war es wohl eben auch die stille Suche nach wahrer Liebe. Nach jemandem, der mich so liebte und annahm, wie ich wirklich war, mit all meinen Facetten, den stillen und den lauten. Ich wollte jemanden, den auch ich bedingungslos lieben durfte. Der bereit war. Der da war. Die große Liebe eben …

… und die sollte ich nur wenig später finden, denke ich, als ich an meiner alten Berliner Wohnung vorbei weiter in Richtung Supermarkt laufe und wie immer ein wenig sehnsüchtig werde, wenn ich mein altes Zuhause sehe, in dem jetzt ein ganz anderer Mensch ein ganz anderes Leben führt. Mein Handy piept und als ich die Nachricht öffne und dort nur das Wort »Falafel« steht, wird mir auf einen Schlag ganz warm ums Herz. Die Nachricht ist von Max, meiner großen Liebe, meinem Ehemann, meinem Verbündeten, dem wichtigsten Menschen in meinem Leben. »Falafel« ist in unserer Welt ein Synonym für »Ich liebe dich« und aus der Serie *How I Met Your Mother* entnommen, in der Robyn Scherbatzky versucht, Ted Mosby eine Liebeserklärung zu machen, und am Ende nur ein klägliches »Falafel« herausbringt.

Mein erstes »Ich liebe dich« hörte ich damals von Max in unserem allerersten Urlaub, als wir beide ganz frisch zusammen und gerade erst 18 Jahre alt waren. Und auch da, denke ich zurück, fiel es mir noch überhaupt nicht leicht, offen über Sex und meine Bedürfnisse zu sprechen. Vor allem deshalb nicht, weil ich sofort wusste, dass Max derjenige welcher für mich war. Da gab es keinerlei Zweifel. Vielleicht fiel es mir deshalb noch etwas schwerer. Ich wollte noch gefallen. Aber ich weiß ebenso, dass ich dort, in diesem Urlaub, den großen Wunsch verspürte, unsere Beziehung auf absoluter Ehrlichkeit aufzubauen. Ich wog ab und merkte, dass ich an dieser Stelle vielleicht nicht bereit war, Kompromisse einzugehen.

Und ich weiß noch, wie Max und ich letztes Jahr, nach 15 Jahren, noch einmal auf diesen Campingplatz fuhren und uns an unsere Anfänge und daran erinnerten, was wir uns im Laufe der Jahre aufgebaut hatten.

3. Max & Anna

»Krass, das sieht hier einfach noch genauso aus wie damals!«, staunte ich, während wir mit dem Auto die Campingplatzschranke passierten.

»Ich weiß nicht, ob das nach so vielen Jahren etwas Gutes oder Schlechtes bedeutet.« Max grinste mich an.

Wir bogen in Richtung Zeltplatz ab.

»Haben wir den gleichen Platz wie das letzte Mal?«, fragte Max.

Ich ließ unser Auto langsam zu Platz 75 rollen. »Ehrlich gesagt: keine Ahnung. Ich glaube, unserer war eher so da vorne.« Ich zeigte ein paar Meter weiter zu einer Zeltgruppe, die direkten Blick auf das Meer hat.

Wir waren diesen Weg vor 15 Jahren schon einmal entlanggefahren. Hatten aus der alten Karre, die wir uns von meinem jetzigen Schwiegervater geliehen hatten, schon von Weitem die Nordsee sehen können. Zelt, Decken und Kissen (»Max, ich will, dass es ganz doll gemütlich ist!«) und eine große Luftmatratze hatten wir eingepackt und waren einfach losgefahren. Unser erster gemeinsamer Urlaub zu zweit. Wir waren gerade erst ein paar Wochen zusammen gewesen. Und es war die große Liebe.

Wir hatten uns auf einem Spieleabend mit gemeinsamen Freunden getroffen. Zu dem Zeitpunkt kannten wir uns kaum. Wir wussten nur, wer wir waren, aber nicht, wer wir sind. Und Max wollte unbedingt wissen, wer ich bin. Fernab von Small Talk begann unser Gespräch an diesem Abend und ich fühlte mich gleich gesehen. Auch wenn mir dieses Gesehenwerden teilweise unangenehm war. Denn Max interessierte sich kaum für meine Fassade. Er wollte wissen, was sich dahinter verbarg. Und ich wusste ja, was sich dort befand: alles, das zwischen Sich-sehr-stark-und-sehr-schwach-Fühlen passte. Max nahm mich, wie ich war. Und ich vertraute ihm. Und dann liebte ich ihn. Und er mich.

Alles in mir sagte Ja zu diesem Mann und zu dieser Beziehung. Und das blieb so. In all den Jahren hatten wir die Höhen und Tiefen unseres Lebens zusammen gemeistert. Trennungen ausgehalten, wieder zusammengefunden. Wir sind zusammen erwachsen geworden und haben aneinander festgehalten. Denn unsere Liebe wuchs mit jedem Jahr noch ein bisschen mehr, so kitschig das auch klingen mag. Unser Vertrauen ineinander wurde zu unserem Fundament, das uns durch unser Leben trägt. Denn natürlich ist eine Beziehung nie nur leicht. Aber mit dem Weitblick, den wir beide mit den Jahren gewonnen haben, lassen sich Krisen noch einmal ganz anders meistern. Weil wir als Wir niemals zur Debatte standen. Wir sind unangreifbar. Das war so, als wir monogam zusammen waren, und blieb später innerhalb unserer offenen Beziehung so. Die Sicherheit war und ist die gleiche. Was sich mit den Jahren veränderte, war unsere Kommunikation. Wir wurden offen miteinander. Bedingungslos offen. Und diese Offenheit schmerzte von Zeit zu Zeit, aber wir haben sie uns immer zugemutet, egal, wie unbequem unsere jeweiligen Wahrheiten, Wünsche und Bedürfnisse auch waren. Viele haben Angst vor dieser Ehrlichkeit innerhalb einer Liebesbeziehung.

Uns hat sie jedwede Angst genommen. Weil wir trotz dieser Ehrlichkeit zusammenblieben. Nein, weil wir ihretwegen immer wieder zusammenfanden.

Aber das war nicht immer so gewesen. Denn über all die Dinge, die mich beschäftigten und bewegten, auch zu sprechen, das musste sich natürlich erst entwickeln. Dass Sex dann besonders gut wird, wenn man sich besser kennenlernt und aufeinander einspielt – und dass an dieser Stelle Kommunikation eine sehr wichtige Rolle spielt – das lernte ich im Laufe der Zeit mit Max. Doch ganz am Anfang, da kostete es mich noch große Überwindung.

»Du, also ich kann übrigens nicht kommen beim Sex, wenn ich mit jemandem schlafe. Also, nur dass du Bescheid weißt. Das wollte ich nur mal sagen, nicht dass du dich wunderst oder das dann irgendwie komisch für dich ist.« Ich versuchte, es ganz beiläufig klingen zu lassen, während ich mich in unserem Zelt zu Max unter die riesige Decke legte, die ich eingepackt hatte. Schlafsäcke fand ich irgendwie doof, wie soll man da auf Tuchfühlung gehen, wenn beide ihre Körper in einem Kunststoffkokon eingewickelt haben?

»Ähm. Okay.« Max rückte sein Kissen zurecht.

Als ich meine Worte in meinem Kopf noch mal wiederhallen hörte, merkte ich, wie ungeschickt ich manchmal sein konnte. Wenn mir etwas auf dem Herzen lag, das mir eigentlich schwerfiel auszusprechen, verfolgte ich mehr oder weniger erfolgreich die Strategie »Pflaster abziehen«. Also einfach schnell laut aussprechen, dann war es geschafft. Oft ohne Einleitung und manchmal auch in einem eher unpassenden Moment, in dem der andere auf keinen Fall damit rechnete.

So auch jetzt, denn Max und ich hatten es gerade eben noch davon, welche Lebensmittel wir als Kinder nicht mochten – Max gekochte

Paprika, ich jedes Fleisch mit »Gubbel« dran. Also Speck, Sehnen und jedwedes andere Gerödel, das sich beim Kauen wir Gummi anfühlte und meinen sehr ausgeprägten Würgereflex auf die Probe stellte. Wie oft hatte ich mit meinem Vater darüber gestritten, ob es wirklich ungehörig war, den weißen Speckrand vom Schinken abzuschneiden und unauffällig (nicht) an den Tellerrand zu schieben. Und wie aufgeregt war ich bitte gewesen, als ich mein erstes vegetarisches Gyros in Berlin gegessen hatte. »Sie sollten damit werben: ›Leute, Achtung! Gyros ohne Gubbel! Gyros ooooohne Gubbeeeeel!!‹«

Meine kleine Ansprache passte also wirklich überhaupt nicht an dieser Stelle, aber es musste irgendwie raus.

»Was meinst du genau damit?« Max guckte an die Decke unseres Zeltes, an dem eine kleine batteriebetriebene Lampe hing. Fast schon romantisch das Ambiente, hätte ich nur dieses Thema nicht angeschnitten. Und warum musste er das jetzt so genau wissen wollen? Ich hatte es doch einfach nur sagen wollen und gut.

»Na ja«, setzte ich zögernd an, »also, wenn ein Typ mich bisher versucht hat zum Kommen zu bringen, hat das nicht geklappt. Das lag aber nicht an denen. Es liegt an mir, das geht halt einfach nicht gut. Ich wollte das einfach nur mal klären. Wir müssen auch nicht weiter drüber reden.«

Darüber zu sprechen bringt eh nichts, dachte ich mir weiter. Es wird nichts ändern. Und ich hatte ihn ja nur darüber in Kenntnis setzen wollen, um nicht in Versuchung zu kommen, ihm womöglich einen Orgasmus vorzutäuschen, wie ich es schon bei anderen getan hatte. Aus Angst, nicht zu gefallen. Und damit der Mann sich gut fühlte. Diesmal nicht, hatte ich mir gedacht. Diesmal dann einfach ehrlich sein und sagen, dass es halt einfach nicht geht. Das hier zwischen Max und mir war schließlich etwas Echtes. Und da wollte ich nicht lügen.

»Warum geht es denn nicht?«, fragte Max ganz unaufgeregt und dreht sich zu mir.

»Ähm, keine Ahnung.« Ich schaute ihn ratlos an. Ich wollte eigentlich nicht so gerne weiter darüber reden. So richtig wusste ich nämlich gar nicht, woran es lag. Wenn ich mich selbst befriedigte, klappte es schon. Aber das konnte ich doch nicht einfach so sagen. Meistens lag ich auf dem Bauch. Auf dem Rücken liegend hatte ich es mal ausprobiert, aber das ging so gar nicht. Und wenn ich auf dem Bauch lag, musste ich meine Beine, wenn es so weit war, komplett anspannen und durchdrücken.

»Weißt du noch, als wir damals über unsere Orgasmen geredet haben? An unserem ersten Abend im Zelt? Als es dann irgendwann so gewittert hat.« Ich zog die Handbremse an und schaltete den Motor aus.

Er lachte: »Ja, du hast behauptet, du könntest nicht kommen, wenn es dir ein anderer macht.« Max schnallte sich ab, öffnete seine Tür und stieg aus.

»Ja«, lachte ich und tat es ihm nach. »Damals war ich generell irgendwie auch gedanklich limitiert mit dem Thema Orgasmus. Ich dachte, das ist so und so und dann bleibt das auch so. Ich hab ja auch erst danach irgendwann angefangen, mit meinen Orgasmen und auch mit meiner Selbstbefriedigung herumzuexperimentieren. Damals lag ich ja immer nur auf dem Bauch.«

»Aber das machst du doch jetzt auch noch.« Max öffnete den Kofferraum.

»Ja, aber nicht ausschließlich. Jetzt lieg ich meist auf dem Rücken, benutze Vibratoren, guck mir manchmal 'nen Porno an.« Ich grinste vielsagend, zog den großen Stoffsack mit unserem Bettzeug drin aus dem Auto (»Max, ich will, dass es ganz doll gemütlich ist!«) und legte ihn ins Gras.

»Und vor allem redest du mit mir darüber.« Max zog das Zelt heraus.

»Stimmt, das fiel mir damals noch schwer. Aber hey, ich war auch erst 18 Jahre alt. Da darf man noch schüchtern sein«, verteidigte ich mich lachend.

»Das darf man eh immer.« Max öffnete die Zeltverpackung und fing an, alle Zeltteile auszupacken.

»Stimmt«, sagte ich.

Während wir wortlos das Zelt aufbauten, dachte ich schmunzelnd daran, wie unsere damalige Unterhaltung im Zelt weitergegangen war.

»Na ja, hast du denn gesagt, was du gut findest und was nicht, oder wie war das?«, fragte Max noch mal nach, und ich versuchte gedanklich zu rekonstruieren, wie das eigentlich immer so gewesen war.

»Mmh, ich weiß nicht mehr so genau. Manchmal haben sie es probiert und dann aber schnell wieder aufgehört. Keine Ahnung, wieso. Vielleicht ging es ihnen nicht schnell genug. Manchmal haben sie sich auch Zeit genommen, aber das, was die gemacht haben, war nicht so ganz das Richtige. Ich hatte auch immer irgendwann das Gefühl, dass sie ab 'nem gewissen Zeitpunkt keinen Bock mehr hatten. Oder von vornherein keine Lust darauf, es zu probieren …«

»… weil es ihnen um ihren eigenen Spaß ging?«, beendete Max meinen Gedankengang.

»Ja, das Gefühl hatte ich auf jeden Fall manchmal.«

»Na, das kann dir mit mir nicht passieren.« Max lächelte liebevoll. »Mir ist sehr viel daran gelegen, dass dir das, was wir beide im Bett machen, Spaß macht. Oder im Zelt.« Er rutschte noch ein Stück näher und fing an, mich zu küssen, während ganz langsam die Regentropfen auf unser Zeltdach fielen.

Was ist nur mit diesem Mann?, dachte ich. Er ist irgendwie so anders. Liebevoll und verlässlich, ohne dabei langweilig zu sein. Aufregend und schön. Witzig und klug. Scheiße, bin ich verliebt.

Und in dieser Nacht hörten unsere Küsse lange Zeit nicht mehr auf. Das Gewitter zog tosend über den Zeltplatz und uns hinweg, während wir uns nackt und innig gegenseitig entdeckten. Ohne Druck, ohne Stress, mit all unserer Verliebtheit, die wir mit jeder Faser spürten und einander zeigten. Unser gegenseitiges Entdecken war voller Geduld und forderte nicht. Es brauchte gerade auch keine Worte, weil sich alles richtig anfühlte. Und am Ende passierte das, was dann passieren kann, wenn das Wollen und das gemeinsame Loslassen im Mittelpunkt stehen, die Köpfe sich ausschalten dürfen.

»In dieser Nacht hast du mich tatsächlich das erste Mal zum Kommen gebracht«, sagte ich, während wir gemeinsam das Überzelt mit den Heringen am Boden befestigen.

»Ja, und ganz ehrlich: Es war überhaupt kein Problem«, antwortete Max, der auch 15 Jahre später noch stolz wie Bolle war.

»Stimmt, es war überhaupt kein Problem.« Ich kämpfte mit einem hartnäckigen Hering. »Ich glaube, weil ich mir sicher war, dass dir das wirklich Spaß gemacht hat, es keinen Zeitdruck gab und mir das ganze Thema irgendwie weniger unangenehm war.«

»Und ich war einfach verdammt gut«, schob Max hinterher.

»Jaha, du bist der allerbeste Liebhaber der ganzen Welt«, ärgerte ich ihn lachend und erinnerte mich, wie schön unsere erste gemeinsame Zeltnacht geendet hatte.

»Wow. Was war das denn?«, fragte ich in Max' Umarmung hinein.

»Ja, das war krass.« Max zog mich noch ein bisschen enger an sich heran. »Das war einfach nur schön.«

Ich fühlte mich so glücklich und zufrieden wie schon lange nicht mehr. Nicht nur, weil ich gerade den Orgasmus meines Lebens hatte, während es über unseren Köpfen donnerte und blitzte. Ich war auch deshalb so selig, weil ich mich getraut hatte, eine mir unangenehme Sache offen auszusprechen und sich die Situation in etwas unglaublich Inniges, Vertrautes verwandelt hatte, anstatt Unbehagen oder gar einen Streit hervorzurufen. Max machte unsere kleine Lampe aus und wir kuscheln uns zusammen unter unsere Decken.

»Ist doch ganz geil mit so 'ner Decke«, flüsterte Max mir ins Ohr.

»Mhm.« Ich musste schmunzeln. »Gute Nacht.«

»Schlaf schön«, antwortete Max und schlief ein.

»Bist du zufrieden, wenn du so auf die letzten Jahre zurückguckst?«, fragte ich Max, als wir ein paar Stunden später nach einem guten Abendessen und einem Strandspaziergang in unserem Zelt unter unseren Decken lagen.

»Ja, schon.« Max schaltete unsere Taschenlampe aus. »Manches war ziemlich anstrengend, einiges hätte ich mir auch sparen können, aber so ganz unterm Strich ist es doch wirklich gut gelaufen, oder? Ich meine, wir hatten immer uns, egal, was war. Und das ist doch die Hauptsache.«

»Ja, das ist es«, stimmte ich zu. »Ich bin froh, dass wir uns haben. Dass ich dich habe.« Ich küsste ihn in die Dunkelheit hinein.

»Ich auch«, meinte Max und fragte noch hinterher: »Und weißt du, was ich auch gernhabe?«

»Nee.« Ich drehte mich so, dass Max mich von hinten ankuscheln konnte.

»Diese Decke. Es ist doch gut, dass du sie jedes Mal mitschleppst.«

Ich musste grinsen. »Sag ich doch.« Ich gähnte und sagte dann, wie jeden Abend seit dieser einen magischen Zeltnacht vor 15 Jahren: »Gute Nacht.«

Und Max flüsterte leise ins Dunkle: »Schlaf schön.«

Im Nachhinein bin ich einfach nur dankbar für diese erste von Tausenden Erfahrungen darüber, dass uns Offen- und Ehrlichkeit am Ende immer nur weiterbringen und uns näher zusammen, denke ich und komme nun endlich am Supermarkt kurz vor der Warschauer Brücke an. Max und ich, wir ließen und lassen einander wachsen. Lassen uns – auch wenn es manchmal Anstrengung kostete – so sein, wie wir sind. Hören die Bedürfnisse des anderen, auch wenn wir sie nicht teilen. Auch wenn wir sie richtig doof finden. Denn wer sind wir, sie dem anderen abzusprechen?

Spannend wurde es vor allem in der Zeit, als wir dann tatsächlich anfingen, unsere Beziehung zu öffnen, denke ich und betrete den warmen Eingangsbereich des Supermarkts. Wir fingen an, über Regeln und Vereinbarungen zu diskutieren und mussten auf den Verhandlungstisch knallen, was uns wichtig war. Was wir erwarteten. Was wir wollten. Und wir mussten aushalten, dass das nicht in jedem Punkt deckungsgleich war. Demokratie at it's best, würde ich im Nachhinein sagen. Aber es funktionierte. Das Regelnfinden, das Regelneinhalten, das Leben in einer offenen Beziehung. Unsere offene, direkte Kommunikation ist bis heute der Grund, warum wir in unserer Beziehung so zufrieden sind. Und sie gelingt nur, weil wir immer wieder bereit sind, uns diese Ehrlichkeit zuzumuten. Es erfordert Mut, zu sagen, was wir wirklich denken, fühlen und wollen. Wenn ich gefragt werde, was unser Geheimnis ist, dann sage ich genau das.

Mit Max habe ich gelernt, was wahrhaftige Liebe ist. Was sie bedeutet, wie sie sich anfühlt. In guten wie in schlechten Zeiten. Wir wissen, wie sich Liebe in Momenten des Glücks anfühlt. Und wir wissen, wie es ist, aus Liebe zu streiten. Und für die Liebe zu streiten. Und zu kämpfen. Und auszuhalten. Und einander zu halten, in Situationen, die nicht leicht sind. Wir haben gelernt, was es heißt, an der Liebe festzuhalten, an ihr zu arbeiten, sie zu pflegen. Sie wirklich zu empfinden.

In meiner Beziehung zu Max habe ich ein so tiefes Vertrauen erfahren, wie ich es davor nicht kannte. Und dieses Vertrauen wirkte sich auch immer wieder auf mich selbst aus. Es verschaffte mir mehr Selbstvertrauen. Gerade, als ich noch jünger war, fiel es mir leichter, Neues auszuprobieren, weil ich wusste, dass Max im Notfall da war, um mich aufzufangen. Und andersrum.

Ich fühle mich aber auch deshalb selbstsicherer, weil mich die Tatsache an sich stärkt, dass ich in der Lage war und bin, eine gesunde, harmonische Beziehung zu führen. Ich bin in der Lage, gut für mich zu sorgen. Und wir sind in der Lage, zusammen gut füreinander zu sein. Und an dieser Beziehung immer wieder zu wachsen.

Ich habe durch die Beziehung meiner Eltern gelernt, wie eine Liebe sterben kann. Und ich konnte mich davon freimachen und mit Max unsere Liebe immer weiterleben lassen. Jahr für Jahr. Und das macht mich stolz.

Wir beide sind neben Liebespartnern auch Familie füreinander geworden. Und Familie ist immer füreinander da. Zumindest wollen wir als Familie so miteinander leben.

4. Katerfrühstück

Ich gehe in Richtung der Kühlregale mit den fertigen Salaten und Lunch-Snacks und schicke Max ein Foto von einer Falafel-Packung mit einem Herz dazu.

Am Ende meiner kleinen Einkaufrunde komme ich gut gelaunt in der Spirituosenabteilung an und suche nach einem halbwegs anständigen Weißwein, als mir in einem der unteren Regale ein Getränk ins Auge fällt. Ich muss fast ein bisschen lachen, als ich die Flasche sehe. Erdbeerbowle. Ich greife nach ihr und bin sehr versucht, sie auch zu kaufen. Doch ich erinnere mich auch daran, wie fies die Kopfschmerzen am nächsten Tag waren, wenn man ein bisschen zu viel davon trank.

Als ich in Göttingen studierte, haben meine damalige beste Freundin Suse und ich fast ausschließlich solch billig-süßes Fuselzeug getrunken. Im Sommer vor allem diese Erdbeerbowle. Wir trafen uns zu zweit in meinem WG-Zimmer, tranken Bowle und suchten das passende Outfit für die anstehende Partynacht mit unserer Clique aus. Redeten über die Jungs, die wir süß fanden. Schminkten uns, frisierten uns die Haare, immer darum bemüht, halbwegs lässig und unabsichtlich sexy auszusehen. Und dann zogen wir später am Abend mit unseren Leuten los, gingen tanzen und genossen das Leben. Damals flirtete ich für mein Leben gern, probierte mich aus, erlaubte mir, mich auszuleben.

Ich war einige wichtige Schritte weiter darin gekommen, mich selbst cool zu finden und ich selbst zu sein. Ich hatte Spaß, und da nahm ich auch den Kater am nächsten Morgen in Kauf.

Mit diesem Gedanken packe ich die Flasche Erdbeerbowle doch in meinen Einkaufskorb und denke daran, dass die schönsten Kater zu dieser Zeit diejenigen waren, die ich mit meiner Clique zusammen beim Frühstück hatte. Denn geteiltes Leid ist ja bekanntermaßen halbes Leid.

»Anna, sag mal, was war das denn eigentlich gestern mit dir und Björn? Ihr wart irgendwann einfach verschwunden. Ging da noch was?«, fragte Suse mich vor allen anderen, während wir fünf das Frühstück vorbereiteten.

Es war Sommer und ich steckte mitten in meinem Studium. Max wiederum reiste gerade durch Neuseeland. Als Single. Denn wir hatten uns getrennt. Allerdings nicht, weil wir uns nicht mehr toll fanden, sondern weil wir gemerkt hatten, dass wir nach über zwei Jahren sehr intensiver Beziehung auch mal ein paar Schritte alleine gehen mussten. Nicht mehr im Wir denken, herausfinden wollten, was wir so brauchten auf dem Weg in das Erwachsenenleben. Denn wie frei konnte man sich als junger Mensch entfalten, wenn ein anderer so eng mit einem verbunden war? Wir hatten jedenfalls das Gefühl, uns täte ein wenig Abstand gut. Und er tat es. Zwar waren wir im Austausch miteinander, schrieben uns E-Mails und gaben unsere Verbindung nicht auf. Aber den Alltag, die weiteren Perspektiven und Ideen selbst zu gestalten, war gut und wichtig für uns. Und machte Spaß.

Ich liebte diesen Neuanfang. Nach den typisch holprigen Anfangswochen lebte ich mich langsam in meiner neuen Stadt ein. Wusste, wo welcher Vorlesungssaal war, welche Mensa das beste Essen anbot, und hatte eine Stammkneipe. Und das Wichtigste: Ich hatte Freunde gefunden. Gute Freunde, mit denen ich reden konnte. Mit denen ich auf der Bühne stand und Musik machte. Mit denen ich feiern und wahnsinnig viel Spaß haben konnte. Und so saßen Suse und ich an diesem Morgen in der WG-Küche unserer Jungscrew Jonah, Pavel und Fredi beim Katerfrühstück und besprachen die gestrige Party.

»Na, sag schon«, hakte Jonah nach. Wir beide flirteten zwar immer wieder miteinander, es schien ihn offensichtlich aber nicht zu stören, dass ich gestern den Abend vor allem mit Björn verbracht hatte. Das mochte aber auch daran liegen, dass Jonahs Interesse einer schönen Erasmus-Studentin aus Spanien gegolten hatte. Sollte er machen, was er wollte. Das tat ich selbst gerade auch. Und zwar sehr leidenschaftlich!

Ich fühlte mich so gut und so sicher mit mir selbst wie schon lange nicht mehr. Hatte das Gefühl, viele der Altlasten aus meiner Heimatstadt hinter mir gelassen zu haben. Mich auszuleben, mich besser kennenzulernen. Und dem nachzugehen, worauf ich gerade Lust habe. Und das fühlte sich einfach nur richtig an!

»Boah, ich hab's so übertrieben gestern, Leute!« Pavel litt vor sich hin.

»Vielleicht stellst du dann mal dein Bier weg und isst erst mal was.« Ich nahm die halb volle Flasche vom Tisch und stellte ihm stattdessen einen Teller hin. Er lächelte mich müde an.

»Wo warst du denn überhaupt so lange?«, fragte Fredi Pavel und stellte sämtliche Schokoladenaufstrich- und Erdnussbuttervariationen auf den Tisch.

»Ich bin noch mit zu Lilli gegangen.« Pavel grinste und nahm sich eins der Brötchen aus der riesigen Papiertüte.

»Ahaaaa«, sagte Suse interessiert. »Und dann?«

»Tja, Leute, was soll ich sagen. Vor euch sitzt der Bumsinator von Göttingen!« Pavel lachte laut auf.

»Boah, Pavel!« Ich gebe ihm einen Klaps auf den Rücken. »Musst du immer so prollig werden, wenn's um Sex geht? Das ist ja furchtbar. Ihr hattet also noch Spaß miteinander, oder was willst du uns sagen?«

»Jaha. Lasst mich doch, war nur ein Scherz. Aber ja, sie hatte so richtig ihren Spaß! Megalaut war sie, als sie gekommen ist.«

Wir kannten dieses Rumgeprolle von Pavel schon, und ich fand diese Seite an ihm ziemlich unsympathisch. An diesem Punkt sind wir schon öfter aneinandergeraten.

»Das ist ja schön für dich«, meinte Fredi ruhig, »und auch für sie. Ich bin aber nicht sicher, wie geil sie das findet, wenn du anderen davon erzählst, wie laut sie beim Sex ist.«

Fredi tut mir etwas leid. Er hat total recht mit dem, was er über Pavels Indiskretion sagt, aber dazu kommt, dass ich mir seit gestern Abend sicher bin, dass Fredi selbst ein Auge auf Lilli geworfen hat und es jetzt bestimmt doppelt wehtut, dass sie ihn zum einen eindeutig nur als Kumpel und dafür Pavel scheinbar als ihren neuen Liebhaber sah. Pavel hatte von Fredis Schwärmerei Lilli gegenüber nichts mitbekommen. Keiner aus unserer Truppe. Und mir war es auch erst aufgefallen, als ich Fredis zerknirschten Blick aufgefangen hatte, mit dem er den beiden beim Engtanz zusah. Schade, Fredi war so ein schöner, lieber Typ. Aber so richtig mochte es mit den Mädels noch nicht klappen.

»So, und was war jetzt mit dir und diesem Björn? Das war ja schon den ganzen Abend ein einziges Rumgeflirte mit euch. Und dann auf der Tanzfläche dieses Rumschäkern, der stand ja wohl mega auf dich!«

Suse war ganz aufgeregt und wirkte so wach, als hätte sie nicht selbst noch bis vor ein paar Stunden auf besagter Party getanzt. Ich wusste nicht, wie sie es machte, aber sie schien einfach nie einen Kater zu haben. Nach zwei Stunden Schlaf konnte sie einfach aufstehen, den ganzen Tag mit uns rumhängen und dann abends ihre Schicht in unserer Stammkneipe antreten und bis zum nächsten Morgen Bier ausschenken. Mir wurde gerade bei dem Gedanken an Bier schon schlecht.

»Björn ist süß, oder?«, schwärmte ich trotzdem.

»Björn ist süß, oder?«, äffte Jonah mich nach und goss sich Kaffee in einen großen Becher.

»Ey, hör auf zu ärgern.«

»Jaha, na gut. Dann erzähl jetzt endlich mal, wie es dann noch weiterging.« Jonah setzte sich neben mich und grinste.

»Also«, setzte ich an. »Wir sind irgendwann rausgegangen, runter in den Park und ein Stück spazieren. Na, und dann haben wir irgendwann angefangen zu knutschen.«

»Und dann? Hattet ihr Sex im Park?« Suse war wirklich neugierig.

»Nee, wir haben so rumgemacht, wir hatten kein Kondom«, entgegnete ich und verdrehte ein bisschen die Augen. Ich hätte nämlich so gar nichts gegen Sex im Park gehabt.

»Was, ihr hattet kein Gummi dabei? Anfängerfehler. Dieser Björn ist echt 'ne Lusche. Dem Bumsinator wäre das sicher nicht passiert.« Pavel lachte aus vollem Hals.

»Pavel!!«, sagten wir quasi gleichzeitig mahnend im Chor. Ich fragte mich manchmal, woher Pavel diese komischen Anwandlungen hatte. Denn 90 Prozent der Zeit war er ein wahnsinnig witziger, kluger und aufrichtiger Freund. Und dann kam – vor allem dann, wenn Alkohol im Spiel war – diese anstrengende Seite zum Vorschein.

»Ach, es war auch so ziemlich cool, ehrlich gesagt.« Ich versuchte, einfach entspannt weiterzuerzählen. »Und wer weiß, vielleicht treffen wir uns einfach noch mal und holen das nach. Wir haben uns jedenfalls irgendwann hinter einem großen Baum versteckt und rumgemacht. Und dann hatte ich irgendwann Lust, ihm einen zu blasen. Das war ziemlich heiß.«

»Was?« Pavel verzog sein verkatertes Gesicht. »Du hast ihm einfach so im Park einen geblasen?«

»Na klar. Warum?«

»Findest du das nicht irgendwie billig?«

»Billig?!«, mischte sich jetzt Suse ein.

»Ja, ich find, das signalisiert schon sehr doll: ›Ich bin leicht zu haben.‹«

Ich wurde sauer. So ein Bullshit! »Pavel, ist das gerade dein Scheißernst? Ich bin doch nicht billig oder leicht zu haben, weil ich 'nem Typen einen blase, wenn ich Lust dazu habe. Was ist denn das für 'ne Denke?«, regte ich mich auf. Ich bin eigentlich keine Person, die leicht an die Decke geht. Aber das, was er sagte, fühlte sich gerade so gemein an, dass ich rot anlief und mir kleine Wutträmen in die Augen schossen.

»Also für mich wäre die Frau dann nix mehr, sag ich ganz ehrlich.« Pavel guckte ein wenig trotzig in unsere irritierten Augen.

»Dann musst du dir vielleicht mal ein neues Gehirn besorgen. Alter, ich werd grad richtig sauer«, schimpfte ich und mein Gesicht glühte noch heißer vor Wut.

»Da musst du ja jetzt nicht so an die Decke gehen. Ist ja nur meine Meinung. Ich find's irgendwie nicht classy. Ich fänd's halt voll abturnend, wenn meine zukünftige Freundin so was machen würde«, verteidigte sich Pavel.

»Das heißt, Lilli ist jetzt für dich auch raus als potenzielle Freundin, weil sie gestern was mit dir hatte, oder wie?«, mischte sich jetzt Fredi ein.

»Wenn sie mir gleich beim ersten Mal einen geblasen hätte, dann vielleicht ja. Auf jeden Fall, wenn sie es im Park gemacht hätte. Im Bett wär's vielleicht noch was anderes gewesen.« Pavel legte sein Brötchen weg und verschränkte die Arme.

»Sag mal, hörst du dir selber überhaupt zu?« Jetzt wurde Suse auch sauer. »Wieso sollte das denn einen Unterschied machen?«

»Jetzt beruhigt euch mal wieder.« Jonah versuchte, unseren Streit zu schlichten. »Pavel meint das hier alles bestimmt gar nicht so.«

»Nee, ich will das jetzt wissen.« Suse ließ nicht locker. »Wieso macht das einen Unterschied?«

»Na, weil halt draußen im Stehen und so. Das ist voll krass pornomäßig.« Pavel wurde langsam kleinlauter.

»Ja, aber selbst wenn, Pavel. Wieso sollte etwas, auf das beide offensichtlich Lust haben, dabei eine Person abwerten?«, fragte ich immer noch ziemlich geladen.

»Ist halt bei mir so.«

»Nee, so einfach mach ich es dir nicht. Das ist einfach so nicht in Ordnung.« Ich versuchte, mich wieder zu beruhigen, konnte das aber beim besten Willen so nicht stehen lassen. Wir waren schließlich Freunde und mich entsetzte diese komische Einstellung gerade total. Sie überraschte mich, so hätte ich ihn niemals eingeschätzt. Und sie ging über seine sonstigen Proletensprüche hinaus.

»Guck mal«, setzte ich wieder an. »Wenn Jonah dir heute Morgen erzählt hätte, dass er mit dieser Spanierin gestern noch in den Park gegangen wäre, um mit ihr rumzumachen, und er hätte Lust auf sie gehabt und sie auf ihn.«

»Ja?«, sagte Pavel und seufzte.

»Und dann hätte er Bock gehabt, sie dort an den Baum gelehnt zu lecken«, setzte ich mein Gedankenspiel fort. »Dann wärst du niemals auf die Idee gekommen, zu Jonah zu sagen, dass das billig sei.«

»Nee, du hättest ihm wahrscheinlich ein High Five dafür gegeben und ihn Schleckinator genannt.« Fredi musste ein bisschen grinsen.

»Das glaube ich auch«, blieb ich ernst. »Und für die gleiche Situation nennst du mich jetzt quasi eine Schlampe. Und das ist einfach nicht okay. Das ist Chauvikacke. Sonst tickst du doch gar nicht so. Klar machst du mal 'nen blöden Spruch, aber denkst du wirklich so über Frauen, die so sind wie ich? Ich meine, deine Mutter ist Professorin und dein Vater war Hausmann, als ihr klein wart. Du bist total alternativ erzogen worden. Wie kann das dann sein? Wo kommt das denn her? Und vor allem: Du magst mich. Wir sind Freunde. Und du schätzt doch auch an mir, dass ich so geradeaus bin und mein Ding mache. Ich will von dir so nicht bewertet werden.«

»Hä, na klar mag ich dich!« Pavel guckte mich aufrichtig an und ich hatte das Gefühl, dass er mir erst jetzt richtig zuhörte. »Du bist eine meiner besten Freundinnen.«

»Aber dann darf es keinen Unterschied machen, ob ich 'ne Frau bin oder nicht. Ich darf genauso Bock haben wie ihr. Und ich darf meine Sexualität auch genauso ausleben wie ihr.«

»Darfst du auch.« Jonah lächelte und legte den Arm um mich. »Ich glaub, Pavel weiß eigentlich, dass er Quatsch erzählt hat. Der hat sich da, glaube ich, in eine Aussage verstrickt, die er eigentlich gar nicht so meint.«

Und es stimmte. Später am Tag nahm Pavel mich zur Seite und entschuldigte sich aufrichtig für das, was er gesagt hatte. Ihm sei unser Streit sehr nahegegangen und es habe ihm zu denken gegeben.

Er kenne es nicht, dass eine andere Frau ihm so klar die Stirn biete und seine Ansichten infrage stelle. Er selbst habe bisher immer eher schüchterne, weniger selbstbewusste Frauen zur Freundin gehabt und auch noch nie eine Freundin auf Kumpelbasis.

Ich machte ihn nun immer darauf aufmerksam, wenn er mit zweierlei Maß bewertete. Und er wiederum ließ die Kritik zu, wir mussten deshalb nicht mehr streiten. Wir diskutierten und fanden eine Gesprächsbasis, die dazu führte, dass sich manche seiner unemanzipierten Gedanken auflösten.

Irgendwann später vertraute mir Pavel an, dass seine provokante und beleidigende Aussage und unser darauffolgender Streit eigentlich gar nichts mit mir und diesem nächtlichen Blowjob zu tun gehabt hatten. Er war an diesem Morgen einfach sehr unsicher gewesen. Denn in der vermeintlich heißen Nacht, in der Pavel mit Lilli schlief, lief eigentlich nichts so, wie er es sich vorgestellt hatte. Pavel hatte versucht, sie mit seinen Fingern zum Kommen zu bringen, nachdem er bereits sehr früh zum Zug gekommen war – was ihn erstens total ärgerte und ihm zweitens wahnsinnig peinlich war. Doch seine Versuche, ihr nun etwas Gutes zu tun, liefen wohl ins Leere. Sie lag erst einfach da und machte nur halbherzig mit und spielte ihm dann – so vermutete er es später – einen Orgasmus vor. Seine Verunsicherung und sein Frust waren so groß, dass er beides an mir ausließ. Mit uns darüber zu sprechen, war für ihn zu dem Zeitpunkt leider keine Option gewesen. Das gehörte wohl noch nicht zu seinem Männerbild dazu.

Die eigene Sexualität offen auszuleben und auch offen über sie zu sprechen, hat gerade als Frau seine Schattenseiten, denke ich, während ich nun vom Supermarkt durch den kalten frühen Abend zurück zu meiner skurrilen Berliner Airbnb-Wohnung laufe. Ich selbst musste mich immer wieder erneut trauen. Mit Max zum Beispiel. Und anfänglich brachte ich zwar den Mut auf, wählte jedoch manchmal nicht die richtigen Worte. War sogar unsensibel, wie bei Jonah, denke ich und laufe an meinem Lieblings Cupcake-Laden vorbei. Aber mit jeder Erfahrung, die ich machte – ob es ein Kuss war, den ich mit meinem Zungeneinsatz zu mehr Leidenschaft verhalf oder der liebevollen Ermutigung »Ich mag es, wie du meine Brüste berührst« –, wurde ich sicherer. Ich merkte, wie viel schöner und besser der Sex wurde, den ich mit meinen jeweiligen Sexpartnern hatte. Ich übte mich darin, auch mal die Regie zu übernehmen. Schlug vor, es heimlich an öffentlichen Orten zu tun oder im Bett einfach mal eine andere Stellung auszuprobieren, die mir in meiner Fantasie aufregend erschien. Ich muss schmunzeln bei dem Gedanken, als ich an einem Spielplatz vorbeikomme. Hier hatte ich zu meinen Berliner Zeiten auch schon mal nächtlichen Spaß mit einer meiner Affären.

Tatsächlich ist es so, komme ich wieder zu meinem ursprünglichen Gedanken zurück, dass ich kein einziges Mal auf Ablehnung meiner Gesten oder Worte gestoßen bin. Am Ende führte es immer nur zu mehr Lust, wenn ich einem Mann im Bett respektvoll zeigte, was mir gefiel.

Gerade diese Situation mit Pavel zeigt mir im Nachhinein, dass eine negative Reaktion oft gar nicht unbedingt etwas mit mir zu tun haben muss. Ich hatte seine blöden Sprüche erst persönlich genommen. Dachte, ich würde als Frau an den Pranger gestellt werden. Ich kann jedoch mit Abstand diese Situation aus einer anderen Perspektive betrachten. Pavel hatte das Problem. Nicht ich. Er war frustriert. Und damit hatte ich überhaupt nichts zu tun. Und selbst wenn ich für ihn wirklich das Problem gewesen wäre, so hätte ich mit ihm nichts mehr zu tun haben wollen. Auch da wäre ich mittlerweile kompromisslos. In einer Freundschaft möchte ich immer so sein und leben können, wie ich bin. Ohne be- oder verurteilt zu werden. Dafür musste ich mich in erster Linie aber erst mal selbst respektieren und annehmen.

Meine wilden Jahre während meiner Göttinger Studentenzeit waren nur eine Etappe auf diesem Weg. Eine wichtige, weil ich mir in dieser Zeit erlaubte, mich auszuprobieren. Ich lebte das erste Mal allein, musste selbstverantwortlich meinen Alltag, mein Studium gestalten und Entscheidungen treffen. Und das ließ mich wachsen. Ich hatte eine wunderbare Zeit mit großer Ausgelassenheit, warmen Sonnenstrahlen auf meiner Haut und lieben Menschen um mich herum.

Plötzlich spüre ich mein Handy in der Jackentasche vibrieren und krame es heraus. Es ist meine beste Freundin Paula, sehe ich auf dem Display. Paula, die neben Max' und meiner Wohnung in Hamburg wohnt, hatte ich schon ein paar Tage nicht gesehen, weil sie auf einer Songwriting-Session in München war. Jetzt ist sie wahrscheinlich auf dem Weg zurück und will mich updaten.

»Bubu?«, nenne ich sie bei ihrem Kosenamen.

»Hallo Bebi!«, ruft sie freudig ins Telefon. Ich muss lachen. Ich bin froh, dass uns nicht immer Leute bei unseren Gesprächen zuhören.

»Witzig, dass du anrufst, ich hab gerade an liebe Menschen gedacht.«

»Awww … toll, Mausi!«, ruft sie in den Hörer. »Erzähl, wie geht's dir? Was machst du?«

»Ich bin grad am Boxi und gleich wieder in meiner Butze und dann werd ich mir was Geiles zu essen machen und einfach nur rumhängen«, sage ich.

»Geil, mein Herz! Was isst du? Und gehst du später dann noch weg?«

»Nee, ich bin heute Morgen so früh raus und hierhergefahren und geh morgen und am Samstag schon mit Leuten aus. Ich bin heute Abend einfach nur platt. Ich hab mir Schweineessen gekauft«, beichte ich.

»Ja? Geil! Was? Pommes?« Paula und ich sind Expertinnen, wenn es um fieses und ungesundes Essen geht. Wir lieben Pommes mit Majo. Es darf niemals zu wenig Majo geben. Majo ist quasi der Kleber, der unsere Freundschaft zusammenhält. »Nee, ausnahmsweise keine Pommes. Ich hab 'nen Ofenkäse gekauft.«

»Ofenkäse!! Jaaaa!!« Paula liebt Ofenkäse genauso wie ich. »Ich will jetzt auch Ofenkäse essen.«

»Wann bist du denn zu Hause? Wo bist du überhaupt?«, frage ich und suche den Haustürschlüssel in meiner Jackentasche. »Ich bin im Zug nach Berlin.«

»Was? Wie geil! Wieso?« Ich schließe unten das Tor auf.

»Ich muss gleich spontan zu 'ner anderen Songwriting-Session, die geht bis morgen. Und morgen Abend treff ich mich mit Torben. Das hat jetzt endlich mal geklappt, trotz der ganzen Termine.«

»Oh, wow! Da bin ich ja mal gespannt, wie euer Treffen wird. Ihr habt euch ja jetzt echt lange nicht mehr gesehen. Schläfst du im Hotel?« Ich stapfe die Treppen rauf zu meiner Wohnung.

»Ja, genau. Im Hotel. Ich freu mich schon richtig auf Torben. Wurde jetzt aber auch wirklich mal Zeit.«

»Das stimmt.« Ich bin außer Atem und vernehme wieder den Grasgeruch im Hausflur.

»Mausi, ich muss schon wieder auflegen, ich wollte nur Bescheid sagen und dich kurz hören. Vielleicht können wir uns morgen noch kurz sehen, ja? Außerdem weiß ich noch nicht, was ich zum Date anziehen soll. Da müssen wir uns noch mal kurz beraten. Ich schick dir Fotos.«

»Mach das, mein Herz. Ich bin jetzt eh in der Wohnung und muss hier alles mal einräumen.«

»Toll, ja! Mach dir 'nen schönen Abend, Bebi! Bis morgen!«

»Komm gut an gleich. Liebe!«

»Liebe!«

Ich schleppe mich leicht verschwitzt in die Küche, nehme den schwer bepackten Rucksack vom Rücken und stelle ihn auf einen Stuhl. Es wäre schön, Paula morgen spontan sehen zu können, denke ich und beginne, meine Einkäufe in den Kühlschrank zu räumen. Ich vermisse sie richtig.

Ich habe Paula vor einigen Jahren kennengelernt, als es mir nicht gut ging und ich in einer Krise steckte. Paula war mir in dieser Zeit eine enorme Stütze gewesen. Seitdem ist sie einer der wertvollsten Menschen in meinem Leben geworden. Ein Mensch, den ich nie mehr missen möchte.

Denn so locker und leicht, wie es in meinen Studienjahren in Göttingen war, sollte es für mich nicht bleiben. Der Neuanfang war so wichtig für mich gewesen. Doch nach meinem Studium hätte es mir gutgetan innezuhalten und zu schauen, welcher Weg als Nächstes gut für mich wäre. Für meine beruflichen Ziele, für meine Beziehung zu Max, mit dem ich wieder zusammenkam, nachdem er aus Neuseeland zurück war. Und für meine innere Entwicklung. Ich hätte etwas gebraucht, das mich mit Inspiration, Mut und Leidenschaft füttert. Stattdessen saß ich fest.

5. Glückauf!

Ich war Mitte 20, lebte in einer Stadt, in der ich nicht mehr leben wollte, hatte einen Job, der mich auffraß und den ich mittlerweile hasste. Jeden Morgen wachte ich mit Bauchschmerzen und Übelkeit auf und mit dem gleichen Gefühl schlief ich abends ein. Ich fühlte mich von meiner Verantwortung und dem Arbeitspensum erdrückt und wollte einfach nur schlafen und nie wieder aufstehen. Weg war ich. Mein Mut, mein Witz, mein Charme, meine Lust, meine Ausstrahlung. Ich hatte nichts zu geben. Auch Max nicht. Wir lebten mittlerweile zusammen und er musste hilflos dabei zusehen, wie ich langsam, aber sicher immer weniger wurde.

»Hey, kommst du heute Abend mit den anderen noch ins Thanners? Wir wollen was trinken gehen«, fragte Max in unser Schlafzimmer hinein. Es war irgendein Freitag gegen 17 Uhr und ich lag im Schlafanzug im Bett. »Nee, keine Lust.«

»Aber du warst schon ewig nicht mehr mit, die anderen haben schon nach dir gefragt.«

»Ja, ich weiß. Aber es sind doch auch deine Leute. Und ich hab für heute genug von Menschen. Ich mag niemanden sehen.« Ich zog die Decke noch ein bisschen weiter unter meine Nase. »Soll ich lieber hierbleiben? Wir bestellen Pizza und gucken 'nen Film oder so …«

»Nee, danke. Geh du nur. Ich komm klar. Ich guck irgendwas und schlaf dann.«

»Okay. Vielleicht können wir ja dann morgen was unternehmen oder so. Es soll richtig warm werden.«

»Ja, mal sehen«, antwortete ich und wir beide wussten, dass es nicht passieren würde. Wir fuhren am nächsten Tag nicht an den See oder in den Wald. Und wir gingen auch nicht auf den Markt oder mit Freunden brunchen.

Ich führte ein Leben, das ich so nicht führen wollte. Erst mit Abstand wurde mir klar, dass ich mich in einem Zustand befand, den manche Burn-out oder eine Depression nannten. Ich nannte ihn Krise. Aber auch erst, als ich so verzweifelt war, dass ich tatsächlich nicht mehr aufstand. Lange versuchte ich, diese unguten Gefühle »einfach« runterzudrücken, denn ich war noch nicht bereit für eine Konfrontation mit mir selbst. Wollte mir weiter einreden, dass doch alles gut sei. Ich es schon schaffe. Es bestimmt bald besser werden würde. Doch dieses »bald« kam einfach nicht und irgendwann schrie meine Seele so laut um Hilfe, dass ich sie nicht mehr überhören konnte. Denn das, was sie sagte, war traurig, und dieses Traurigsein musste enden.

Das Erste, das ich beendete, war mein Job, den ich direkt nach meinem Uniabschluss begonnen hatte. Beziehungsweise ließ ich den Vertrag einfach auslaufen und ging »geplant« in die Arbeitslosigkeit. Etwas, das für Teile meiner Familie schwer auszuhalten war. Ich weiß noch, wie mein Vater mich anrief und meine Entscheidung vorsichtig infrage stellte. Und wie ich erst kleinlaut reagierte und mich dann ein paar Wochen später sehr bestimmt traute zu sagen: »Aber es macht mich unglücklich. Schlägst du mir gerade wirklich vor, dass ich weiter diesen Job mache, obwohl er mich krank macht? Möchtest du das? Möchtest du, dass es mir schlecht geht? Ist mein Lebenslauf wirklich wichtiger als ich selbst?« Und ich sagte auch zu ihm: »Mir macht es auch Angst, Papa. Ich hatte immer alles im Griff und jetzt hab ich keine Ahnung, was kommt. Was ich jetzt brauche, ist, dass ihr mich beruhigt, dass ihr mir sagt, dass schon alles wieder gut wird. Es kann nicht sein, dass ich euch das sagen muss.«

Es war das erste Mal, dass ich meinem Vater gegenüber so klar und deutlich wurde, ihm meine Grenze aufzeigte. Auch wenn ich damals vor allem emotional reagierte und mir die Meinung meiner Eltern heute gar nicht mehr so wichtig ist und ich unabhängig für mich selbst mein Leben entscheide. Aber in dieser Situation damals war es ein großer und wichtiger Schritt. Denn ich wollte eigentlich perfekt für sie sein. Mir so ihre Liebe verdienen. Dass Liebe nichts mit Leistung zu tun hat, begriff ich in der Tiefe erst sehr viel später.

Und ich hatte auch noch nie etwas abgebrochen. Ich hatte mich noch nie so richtig geirrt, was meinen Lebensweg betrifft, sodass eine Kursänderung nötig gewesen wäre. Es fühlte sich nach Scheitern an. Und es machte mir wahnsinnige Angst. Versetzte mich regelrecht in Panik. Denn das, was ich tat, war, mir selbst den Boden unter den Füßen wegzureißen.

Die Zeit des Umbruchs nach meiner Kündigung wurde noch schwieriger, als Max und ich unsere Beziehung beendeten. Wir waren in eine Sackgasse geraten, wussten nicht mehr weiter. Wir wussten nur, dass es so, wie es jetzt war – also getrennt –, gerade das geringere Übel war.

Ich fuhr mit gebrochenem Herzen nach Hamburg zu meiner Freundin Heidi. Ich musste raus. Konnte nicht mehr weinend im Arbeitszimmer eines befreundeten Pärchens auf einer Matratze schlafen. Konnte mir nicht mehr vorstellen, wie Max einige Straßen weiter ebenso unter unserer Trennung litt.

Dass wir nur wenig später wieder eine Affäre miteinander anfangen, einige Monate danach wieder zusammenkommen und eine offene Beziehung miteinander führen würden, hätten wir uns in den kühnsten Träumen nicht ausgemalt. Und dass diese Beziehung nur ein Jahr später zu einer offenen Ehe wurde, ebenso wenig.

An diesem einen Wochenende in Hamburg lernte ich Paula bei einer Open-Mic-Veranstaltung kennen. Sie war eine Erscheinung. Groß, dunkelhaarig, wunderschön – und ihre Stimme und Ausstrahlung hauten mich um, als Heidi und ich in die dunkle Bar traten und Paula auf der Bühne stehen sahen. Wir holten uns etwas zu trinken von der Bar und ich hörte ihr beim Singen zu, beobachtete sie. Wie sie sich zur Musik bewegte, wie sie mit dem Publikum sprach, wie sie mit der Band blödelte. Ich merkte sofort, dass sie sich in dem Laden zu Hause fühlte und man sich hier kannte. Und Heidi und ich irgendwie die Neuen waren.

Ich fand Paula toll. Und gleichzeitig schlich sich so ein anderes komisches Gefühl dazu. Irgendwas fühlte sich nach Ablehnung an und machte mich fast ein bisschen wütend. Irgendwas nervte mich. Aber ich wusste nicht so genau, was. Beziehungsweise fing ich an, Paulas Art, die ich Minuten vorher noch so faszinierend fand, als zu doll, zu laut, zu ausufernd zu empfinden. Nach ihrem Auftritt wurde gefühlt jeder Mensch in der Bar kreischend und mit ausladenden Gesten begrüßt. Die Klofrau, der Besitzer, die Barfrau und der Türsteher. Musste die wirklich so 'ne Show abziehen? Wir wissen jetzt, dass du alle kennst und dich alle mögen, du kannst ruhig mal einen Gang runterschalten!, dachte ich.

Obwohl sich ein Teil von mir in dieser Ablehnungshaltung befand, saßen Heidi und ich ein paar Stunden später trotzdem mit Paula, ihrem Bruder Moritz und einigen anderen wahnsinnig netten Musikern zusammen in einer Sofaecke und unterhielten uns.

»Was, du machst auch Musik? Das ist ja toll! Dann müssen wir mal was zusammen machen. In was für einer Band spielst du denn?«, hatte Paula mich gefragt und aufgeregt an ihrem Drink genippt.

»Wir waren 'ne ganz kleine Band. Nur Klavier, Schlagzeug und ich mit Gesang. Wir haben hauptsächlich gecovert. Feist zum Beispiel, aber auch Eva Cassidy. Und halt so ein paar Jazz-Standards.«

»Das klingt ja richtig schön! Ich lerne grad auch die ganzen Standards, weil ich mich auf die Aufnahmeprüfung für die Uni vorbereite. Timo, mein Freund, der übt die grad mit mir. Er studiert Musik und spielt Gitarre.«

»Ah, schön. Ist das der, der vorhin auch mit auf der Bühne stand?«

»Ja, genau!« Sie drehte sich zu einer Gruppe Jungs um, die an der Bar stand. »Timo, komm doch mal her, du musst unbedingt Anna kennenlernen, sie ist auch Musikerin!«

Paula ließ sich nicht anmerken, ob sie meine komische Zurückhaltung und meinen anfänglichen Argwohn ihr gegenüber bemerkte oder nicht. Sie war einfach nur lieb zu mir. Sie stellte uns allen vor und fragte, ob wir noch mitkämen, als sie später noch weiterziehen wollten.

An diesem Abend lernte ich auch Paulas Bruder Moritz kennen. Ebenfalls Musiker, über zwei Meter groß und genauso aufgeschlossen und herzlich wie seine Schwester. Und genauso laut und omnipräsent. Moritz entging meine Zurückhaltung Paula gegenüber keineswegs. Zwei Bars später – Heidi musste am nächsten morgen früh raus, und so war ich tatsächlich noch alleine mit den anderen weitergezogen – erklärte er mir deshalb unverblümt und laut: »Hab keine Angst, Anna. Erstens wissen wir, dass wir manchmal ein bisschen zu doll sind. Und ja, manchmal ist das für andere nervig. Aber das kriegst du schon auf die Kette. Und zweitens: Mach dich mal locker, entspann dich mal. Das ist ja kaum auszuhalten!« Dabei boxte er mir leicht an die Schulter und lachte mir unverfroren ins Gesicht. Ich lief rot an und lachte ein bisschen zu künstlich zurück.

Dass ich selbst auch mal so ausgelassen, liebevoll, herzlich und gerade herausgewesen war und alles nur darauf wartete, hinter meiner Traurigkeit wieder hervorkommen zu dürfen, verriet ich ihm noch nicht. Konnte ich auch nicht, denn die Zeit, in der ich mich so frei gefühlt hatte, war gerade von den kürzlich geschehenen Umstürzen verschüttet worden. Ich erinnerte mich nur dunkel daran, dass auch ich nur ein paar Wochen vorher noch auf Bühnen gestanden und die Menschen verzaubert hatte. Auch ich hatte mal diese Wirkung auf andere gehabt, ihnen ein sicheres, warmes Gefühl gegeben. Sie mit meiner Energie angesteckt. Doch all das war im Laufe der letzten Wochen weniger geworden. Bis ich mir nicht mehr sicher war, ob es dieses Ich in mir überhaupt noch gab.

»Ihr süßen Mäuse«, unterbrach uns Paula und hatte drei bis zum Rand gefüllte Schnapsgläser in der Hand. »Kommt, wir trinken einen zusammen.«

Moritz nahm ihr zwei Gläser ab und reichte mir eins davon. »Auf neue Freundschaften«, sagte er, hielt sein Glas in die Höhe und grinste mich auffordernd an.

»Ja, Anna«, lächelte Paula mich an. »So schön, dass du hier bist. Du musst unbedingt mal zu uns nach Hause kommen. Und dann machen wir Musik und ein Lagerfeuer. Das wird ganz toll!«, strahlte Paula mich aufrichtig an.

Oh Mann, dachte ich, manchmal kommt einem das eigene Ego so blöd in die Quere. Ich schämte mich richtig für meine gemeinen

Gedanken Paula gegenüber. Denn sie hatte ja nun wirklich nichts falsch gemacht. Sie war einfach nur sie selbst. Sie konnte doch nichts dafür, dass ich mich mit mir gerade so blöd und klein fühlte. Und sie konnte auch nichts dafür, dass ich mich danach sehnte, wieder ganz ich selbst zu sein. Und sie hatte rein gar nichts damit zu tun, dass sie mit ihrer freien Art diese Sehnsucht und gleichzeitig den Frust darüber auslöste, dass die Dinge nun mal gerade so waren, wie sie waren. Paula konnte genauso wenig etwas für meine schlechten Gefühle ihr gegenüber wie ich damals, als ich sie von meinen Mitschülern abbekommen hatte. Doch manchmal, da kann das Ego einfach ganz schlecht gönnen, wenn es einem selbst schlecht geht. Und das tut am Ende niemandem gut.

»Auf neue Freundschaften«, sagte ich entschlossen, versuchte ein Lächeln und kippte den Schnaps hinunter.

»Und jetzt komm, wir gehen tanzen!«, zog mich Paula auf die Tanzfläche.

An diesem Abend fühlte ich mich tatsächlich das erste Mal seit Langem wieder lebendig. Wenigstens für ein paar Stunden. Dank Paula. Dank Moritz. Und auch dank mir, die ihre eigene Ego-Tour schnell genug begriffen hatte.

Denn es gibt diese Menschen, die dein Leben ein bisschen schöner machen. Und manchmal hat man Glück und begegnet ihnen, denke ich, während ich den Backofen einschalte und mir ein Weinglas aus dem Schrank meiner Berliner Airbnb-Wohnung hole. Paula und ihre Familie sind solche Menschen. Sie bereichern mein Leben, weil sie warm sind. Weil sie verrückt sind. Weil sie damals einfach so und ohne, dass sie mich wirklich kannten, die Arme aufrissen und mich in ihre bunte Welt aufnahmen.

Und es ist nicht so, als wären Paula, ihr Bruder Moritz und ihre Mutter Silvie total im Reinen mit sich selbst und die durchreflektiertesten Übermenschen, die morgens um halb fünf aufstehen, um sich einen schönen Matetee aufzubrühen und gemeinsam nackt auf der Veranda den Morgengruß zu vollführen. Nein, ganz im Gegenteil. Jeder Einzelne von ihnen hat sein Päckchen zu tragen, wurde schon auf furchtbare Weise verletzt und hat noch immer mit diesen Enttäuschungen zu kämpfen. Aber sie sind höchst liebenswert dabei. Und so offen und warmherzig, dass es mich auf den ersten Blick fast irritierte. Sie überschütteten mich so sehr mit ihrer Liebe, Aufmerksamkeit und gutem Zureden, dass es mich regelrecht überforderte. Zwar kannte ich diese Art von mir selbst, ich war eigentlich auch so ein Gebemensch. Aber in dieser Bedingungslosigkeit hatte ich das bisher von anderen nicht erfahren. Zumindest nicht zu einem Zeitpunkt, in dem die meisten sich üblicherweise noch mit Small Talk aufhielten.

Und genau mit dieser offenen, toleranten Art begleiteten diese drei Menschen mich dabei, wieder zu mir selbst zurückzufinden. Nur zwei Wochen später nach unserem Kennenlernen begann eine Zeit, die mich bis heute trägt. Eine Zeit des Aufbruchs und der Heilung und des Endlich-wieder-leicht-Seins.

6. Du darfst

Paula, Moritz und Silvie hatten mich kurzerhand eingeladen, sie für ein Wochenende auf dem Land zu besuchen. Ich fühlte mich zwar immer noch verwundet und wollte am liebsten den ganzen Tag im Bett verbringen, aber etwas in mir hielt den Plan, einfach in mein Auto zu steigen und durch den Sommer in die Lüneburger Heide zu fahren, für eine wahnsinnig gute Idee. Na gut, eigentlich hielt vor allem Paula diesen Plan für eine gute Idee, denn sie rief mich drei Tage hintereinander an und ließ erst locker, als ich ins Telefon seufzte: »Okay, ich kann ja mal losfahren.«

Ich packte also lieblos ein paar Dinge ein, setzte mich in meinen alten Golf, fühlte mich grau und fuhr los. Durch grüne Wälder mit satten Wiesen und blauem Himmel. So eine depressive Grundstimmung macht auch vor dem Sommer nicht halt, dachte ich. Es fühlte sich wie eine einzige Verarschung an.

Von Weitem sah ich irgendwann das wunderschöne Holzhaus auf einem kleinen Hügel stehen. Umgeben von Feldern, führte ein kleiner Weg den Hügel hoch, bis direkt vor die Haustür. Als ich ihn mit dem letzten Benzin im Tank hochfuhr, sah ich Moritz vor dem Carport hantieren. Er stand mit dem Rücken zu mir, trug dicke Kopfhörer und eine Boxershorts. Sonst nichts. Ich stellte den Motor ab und erwischte mich dabei, wie ich meinen Blick nicht so recht von ihm lassen konnte. Barfuß und laut mitsingend strich er seelenruhig blaue Farbe auf das Holz. Für die Kante ganz oben brauchte er keine Leiter, denn Moritz ist über zwei Meter groß und musste einfach nur den Arm lang machen. Sein fast nackter und braun gebrannter Körper war überall mit Farbklecksen bedeckt. Auch seine langen Haare, die er zu einem Knoten locker hochgebunden hatte. Was in einer anderen Welt wie der Beginn eines Softpornos daherkam, war für mich vor allem faszinierend. Und so saß ich erst mal nur da, guckte und ließ die Situation auf mich wirken.

»Anna!«, riss mich ein Freudenschrei aus meinem stillen Geglotze. »Da bist du ja endlich! Wie geht es dir? Wie war die Fahrt? Hast du Hunger? Warte mal, komm doch erst mal da aus deinem Auto raus, das geht doch so nicht. Komm, lass dich drücken!«

Aus meiner Faszination für Moritz' Streichaktion wurde Überforderung durch Paulas überfallartige Begrüßung. Denn die stand freudestrahlend vor mir, zog mich förmlich aus meinem Fahrersitz, nahm mich in den Arm und ließ mich erst mal auch nicht wieder los.

»Wie toll, dich zu sehen, du schöne Frau! Ich hab dich gar nicht kommen hören.« Moritz kam strahlend auf mich zu und umarmte mich fest.

Hätte ich in dem Moment etwas getrunken, ich hätte mich lauthals verschluckt. Schöne Frau? Ich sah aus wie ein Wrack. Meine Haare hatte ich zwar ausnahmsweise gewaschen, aber nicht frisiert. Wild standen sie zu allen Seiten ab. Denn natürlich war meine Klimaanlage kaputt, und so fuhr ich die meiste Zeit bei offenem Fenster, welches mir nun eine Frisur gezauberte hatte, die nach auftoupierter Dauerwelle und Stromschlag aussah. Ansonsten trug ich eine Jogginghose, wie es sich für Leute gehörte, die ihr Leben nicht mehr unter Kontrolle hatten, und ein etwas zu kleines altes Gilmore-Girls-Merch-T-Shirt, auf dem »Reading is sexy« stand. Schön ist was anderes, möchte ich behaupten. Ich hatte es geschafft, zu duschen und Deo und Wimperntusche zu benutzen, das musste reichen in puncto »schön machen«, denn es hatte mich heute Morgen meine ganze Energie gekostet.

»Komm, Anna-Maus.« Paula nahm mich an die Hand. »Wir gehen rein. Mama und ich bereiten gerade alles fürs Grillen vor und trinken Sekt. Aber erst mal zeig ich dir das Haus.« Und schon zog sie mich aufgeregt in ebendieses und führte mich durch den Flur die Holztreppe hoch ins erste Stockwerk. Sie zeigte mir Silvies Schlafzimmer, das Bad und ihr Reich. Überall im Haus hingen Mitbringsel von Silvies früheren Reisen nach Indien, Ägypten und Marokko: Teppiche, orientalische Vasen und Skulpturen. Ein richtiges Hippie-Haus, dachte ich und fühlte mich gleich wohl.

»Im Untergeschoss ist Moritz' kleine Einliegerwohnung. Die zeigt er dir bestimmt später. Jetzt lass uns aber mal runter zu Mama gehen, die freut sich auch schon so auf dich«, rief mir Paula zu und war schon halb die Treppe runter. Keine Ahnung, woher meine neue große, schöne Freundin ihre Energie nahm. Ich konnte mir ein Schmunzeln nicht verkneifen.

»Ach, Anna, schön dass du da bist.« Silvie nahm mich in der Küche sanft in die Arme. »Lass dich mal ansehen«, forderte sie mich mütterlich auf und schaute mir fest in die Augen, während sie prüfend mein Gesicht in ihre Hände nahm. »Ah, ich sehe schon«, seufzte sie. »Dein Herz ist noch sehr schwer, richtig? Dann ist es noch besser, dass du da bist. Entspann dich, hier ist ein guter Ort, um aufzutanken. Hier darfst du sein.« Mit diesen Worten strich sie sacht über meine Wange und mir schossen die Tränen in die Augen.

»Vor allem ist hier ein guter Ort, um Sekt zu trinken, gut zu essen und viel Quatsch zu machen.« Paula umarmte mich von hinten. »Setz dich und erzähl erst mal.«

Nach dem ersten Glas und meinem Bericht darüber, dass ich zwar sehr traurig, aber auch sicher damit war, gerade die richtigen Entscheidungen zu treffen, entspannte ich mich langsam. Ich guckte Paula und Silvie dabei zu, wie sie Grillgemüse schnippelten und Salate für unser BBQ vorbereiteten, und erzählte von meinen weiteren Plänen. Gerade als ich mitten in meinen Ausführungen über die anstehende Wohnungssuche in Berlin war, ging die Küchentür auf und Moritz kam herein. Ohne mich in meiner Erzählung über die Vor- und Nachteile von WGs und dem Alleinwohnen zu unterbrechen, ging er – immer noch nur in Boxershorts gekleidet und blau gesprenkelt – die Küchenzeile entlang bis zur Waschmaschine. Paula und Silvie hörten weiter gespannt zu und schälten Möhren und Gurken für einen der Salate. Moritz hingegen schien sich nur dafür zu interessieren, dass seine bemalte Unterhose bald wieder sauber wird, denn er zog einfach wortlos die Boxershorts aus und warf sie in die Waschmaschine. Und dann – als sei es das Normalste der Welt, griff er zwischen Silvie und Paula auf die Arbeitsfläche, schnappte sich eine geschälte Karotte, biss hinein und verließ splitterfasernackt die Küche.

»Anna?«, fragte Silvie.

»Ähm, ja?«, stotterte ich. »Du hast mitten im Satz aufgehört zu reden. Was ist mit Friedrichshain?« Ich lief rot an und versuchte, mich daran zu erinnern, was ich gerade eigentlich erzählen wollte. Die anderen beiden taten so, als sei nichts, und verrichteten weiter fleißig ihre Salatzubereitungsarbeit.

Was war das denn?, fragte ich mich. Und warum sagte keiner was dazu? Und wieso hatte ich nicht einfach wegucken können?

Nachdem alles für den Grillabend vorbereitet war, Moritz nun am ganzen Körper Kleidung trug und auch Timo dazugestoßen war, saßen wir alle draußen in der frühabendlichen Sommersonne und aßen, redeten und lachten, bis uns die Bäuche wehtaten. Wir hörten schmunzelnd Silvies Ausführung über die aktuelle Mondphase zu. Eine Ausführung, die sich in nur drei Minuten in eine hitzige Diskussion über den Weltuntergang, Minimalismus im Allgemeinen und Besonderen und die unterschiedlichen Zubereitungsmöglichkeiten von Weißkohl verwandelte. Eine kurze Pause vom Themen-Hopping gab es nur dann, wenn einer laut in die Runde rief: »Wer will noch Wein?« Nachdem die Gläser in Windeseile frisch gefüllt waren, ging es auch schon um irgendetwas anderes. Warum sich Machosein und unbändige Eifersucht nicht unbedingt ausschließen zum Beispiel. Oder darum, das perfekte Kleid für Silvie auszusuchen, die morgen Abend erst zu einer schamanischen Taufe und dann zu einem Charity-Rockfestival des hiesigen Dorfvereins gehen wollte. Es wurde aber auch darüber gefachsimpelt, warum sich Töpfern positiv auf die Charakterbildung von Kleinkindern auswirkt. Mit dieser freien Lebhaftigkeit knackten sie mich, ehe ich »Wurzelchakra« sagen konnte.

Ich wusste nicht, wann ich das letzte Mal so viel Spaß gehabt hatte. Eine wahnsinnig lustige Anekdote folgte der nächsten und auch ich taute langsam richtig auf und kam aus mir heraus.

»Kennt ihr das auch, dass ihr von ganz vielen Songs nur falsche englische Texte im Kopf habt, weil ihr als Kinder noch kein Englisch konntet und euch die Texte aber bis heute so gemerkt habt?«, fragte Paula in die Runde.

»Ja, auf jeden Fall!« Timo machte sich ein neues Bier auf. »Statt ›How Bizarre‹ von OMC hab ich zum Beispiel immer ›Parmesan, Parmesan‹ verstanden, als ich klein war!« Wir alle lachten laut los.

»Ich hab erst vor Kurzem herausgefunden, dass es nicht ›Ready to Rambo‹, sondern ›Ready to Rumble‹ heißt!«, gab ich zu und musste noch lauter lachen.

»Was? Wie geil!« Paula lachte mit und reichte mir auch ein Bier rüber.

»Ja, und noch ein anderer sprachlicher Irrtum hat sich erst vor einem halben Jahr aufgelöst.« Die anderen schauten mich gespannt an.

»Ich sollte Max für einen Sprachkurs Wörter sagen, die er dann übersetzen wollte. Also fing ich an, irgendwelche Worte zu sagen, die mir so einfielen:

Ich: ›Bügeleisen.‹

Er: ›Ja.‹

Ich: ›Ampel.‹

Er: ›Mhm.‹

Ich: ›Rohrzange.‹

Er: ›Puh, okay.‹

Ich: ›Hinozeros.‹

Er: ›Was?‹

Ich: ›Hinozeros.‹

Er: ›Sag das noch mal.‹

Ich: ›Boah, Max: HI-NO-ZE-ROS!‹

Er: ›Anna, das heißt nicht Hinozeros.‹

Ich: ›Hä? Doch.‹

Er: ›Nein.‹

Ich: ›Ja, doch. Hinozeros. Nashorn halt.‹

Er: ›Nein, es heißt Rhinozeros.‹«

Die anderen lagen fast auf dem Boden vor Lachen. »Anna, das ist mit das Beste, das ich seit Langem gehört habe! Hilfe!« Paula kreischte vor Lachen und wir kriegen uns minutenlang nicht mehr ein.

Als irgendwann langsam die Sonne hinter den Feldern untergegangen war, machten wir im Garten ein Lagerfeuer, grillten Marshmallows und Moritz holte die Gitarre raus. Wir saßen in Decken gehüllt bis in die Nacht hinein zusammen, erzählen uns Unsinn, lachten und machten Musik. Sangen mehrstimmig, sangen laut oder ganz leise oder grölten. Ich merkte, wie ich losließ und mich einfach nur wohlfühlte. Hier könnte ich für immer bleiben, dachte ich bei mir. In diesen Stunden gab es für mich keine Sorgen, keine Zukunftsängste, nur die Wärme des Feuers, die Wärme dieser tollen neuen Menschen in meinem Leben. Alles fühlte sich an wie in einem Werbespot für das Leben selbst.

Das Feuer glühte nur noch leise vor sich hin und langsam wurde es doch etwas kalt. Silvie hatte sich schon früher in ihr Bett verabschiedet und als wir vier übrig Gebliebenen nun das Haus betraten, gingen Timo und Paula ganz selbstverständlich nach einem »Gute Nacht, ihr Lieben« hoch in Paulas Zimmer.

Huch, dachte ich, ich war irgendwie davon ausgegangen, dass mir Paula noch zeigte, wo ich eigentlich schlafen sollte, aber scheinbar war diese Aufgabe Moritz zuteilgeworden.

»Komm mit, wir gehen nach unten«, forderte er mich auf und war schon halb die Treppe runtergelaufen. Wieso sind die hier immer so schnell mit allem?, fragte ich mich und lief hinterher.

Unten angekommen, gingen wir durch einen Flur in sein Wohnzimmer, in dem eine kleine Zweiercouch, ein Tischchen und ein Fernseher standen. Es war nicht groß, aber liebevoll eingerichtet und aufgeräumt. Auch hier fühlte ich mich gleich wohl. Nebenan musste sein Schlafzimmer sein. Moritz ging wortlos hinein, kam mit einer Matratze bewaffnet wieder heraus und legte sie auf den Boden direkt vor das Sofa. Dann holte er eine Decke und ein Kissen. Super, dachte ich, hier kann ich gut schlafen. Meine eigene kleine Schlafstätte.

Doch dann bemerke ich, wie Moritz anfing, sich auszuziehen. Erst die Jeans und dann den Pulli. Ich versuchte, mir meine Verwirrung nicht anmerken zu lassen, und zog mir – während er anschließend noch mal in die Küche ging, um etwas zu trinken zu holen – meinen Schlafanzug an und setzte mich auf das gemachte Bett.

»Sorry mit der Matratze auf dem Boden, aber der Lattenrost ist neulich so gebrochen, sodass man da nicht mehr darauf pennen kann, und die passt sonst nur hierhin«, erklärte er mir, als er wieder das Wohnzimmer betrat.

»Ah, okay«, versuchte ich, möglichst cool zu wirken, denn mir ging plötzlich auf, dass ich diese Nacht nicht alleine, sondern mit Moritz zusammen auf dieser Matratze verbringen würde. Nichts mit eigenem Bett.

Doch dann nahm Moritz seine Sachen in die Hand, beugte sich zu mir runter, gab mir einen Kuss auf die Wange und sagte: »Ich bin oben, falls du mich brauchst.«

»Mhm«, murmelte ich und war plötzlich gar nicht mehr so sicher, ob es mir nicht doch lieber gewesen wäre, er wäre geblieben. Aber weg war er und ich nicht entschlossen genug, ihn aufzuhalten.

Als ich an diesem Abend einschlief, dachte ich darüber nach, wie gut es tat, dem Leben eine neue Chance zu geben. Auch mal nicht zu wissen, wo die Reise ganz genau hinging. Es auszuhalten, auch wenn es manchmal schwer und anstrengend war. Und sich neben dem ganzen Aushalten für Neues zu öffnen. Für neue Orte, für neue Erkenntnisse, für neue Menschen. Und für neue Abenteuer. Denn hatte ich mich nicht von meinem alten Kurs verabschiedet, weil er nicht mehr zu mir passte? Weil ich Neues erleben wollte?

Einige Tage später war ich immer noch in Silvies Haus, lag in der Hängematte in der Sonne und sammelte mich langsam wieder zusammen. Ich dachte viel nach. Manchmal weinte ich noch nachts. Aber ich lachte am Tag weitaus mehr. Und das machte mir Mut. Ich organisierte Wohnungsbesichtigungen in Berlin. Ich malte auf große Plakate, was ich gerne tat und gut konnte, und überlegte, ob sich damit irgendwie ein Job finden ließ. Ich war offen. Ich hörte auf, meine Gedanken und Ideen zu beschränken. Ich hätte es mir auch erlaubt, wenn ich plötzlich mit voller Überzeugung Pilotin hätte werden wollen. Ich wäre dem tatsächlich nachgegangen. Weil ich mir geschworen hatte, mein Bauchgefühl nicht mehr zu ignorieren. Es als meinen Kompass zu sehen und ihm blind zu vertrauen. Es würde mir schon den richtigen Weg zeigen und mich zufrieden machen.

Mein Bauchgefühl sagte mir auch, dass ich Moritz sehr mochte und mich zu ihm hingezogen fühlte. Ich traute mich nur noch nicht, den ersten Schritt zu machen. Mich wieder sexuell jemandem zu öffnen. Ich dachte, so weit sei ich noch nicht. Doch bevor ich darüber nachdenken konnte, was genau passierte und wie ich mit dieser Situation dann umgehen würde, beugte sich Moritz – als er mir eines Abends wieder mein Bett aufbaute und ich wieder im Schlafanzug auf der Matratze saß – zu mir rüber und war mir plötzlich ganz nah. Als sei es das Normalste der Welt, küsste er mich. Nicht mehr nur auf die Wange, sondern richtig. Einfach so. Erst sehr zart und liebevoll. Und dann mit so viel Lust, dass ich erst gar nicht hinterherkam. Gedanklich nicht und auch meine Lippen mussten sich anstrengen, seinen wilden Küssen zu folgen.

Moritz zog mich an sich, hielt mich ganz fest. Er küsste mich auf meinen Mund, meine Wangen, mein ganzes Gesicht, während seine Hände durch meine Haare wühlten. Dieser Mann kannte keine Hemmungen, dieser Mann war einfach frei in dem, was er wollte und was er tat. Ich merkte, wie seine Berührungen und seine Entschlossenheit mich anmachten. Mich mitrissen und in seinen Bann zogen. Mit jedem Kuss gab ich mich ihm mehr hin. Ich wollte ihn, das hier zwischen uns. Ich wollte alles zulassen, mich fallen lassen. Es war, als würde mir nichts anderes übrig bleiben, als die Kontrolle, meine Gedanken, meine Ängste, meine Traurigkeit für diesen einen Moment loszulassen und einfach nur zu sein.

Es fühlte sich an, als hätte Moritz einen Schalter bei mir umgelegt und als hätte sich in mir etwas über Wochen angestaut, das nun endlich befreit werden wollte. Moritz und ich begannen, uns förmlich die Klamotten vom Leib zu reißen. Wir wühlten uns über die Matratze wie wilde Tiere, küssten und leckten uns am ganzen Körper, kannten keine Scham. Unsere Hände waren überall und als Moritz anfing, seine Finger in mir zu bewegen, konnte ich nicht anders, als laut aufzustöhnen. Mich durchströmte unbändiges Verlangen. Alles, was ich will, ist, dass dieser Mann mich fickt, dachte ich. Ich wollte einfach genommen werden, nicht denken und ihn tief in mir spüren. Als hätte Moritz meine Gedanken gelesen, packte er mich, legte mich mit meinem Oberkörper über das Sofa und drang in mich ein. Und ab diesem Moment kannte ich kein Halten mehr. Die Lust, die Moritz in mir auslöste, strömte von meinem Unterleib durch meinen ganzen Körper und schaltete meinen Kopf komplett aus. Langsam bewegte sich Moritz in mir, konnte sich aber auch bald nicht mehr halten. Immer schneller und wilder stieß er in mich und wir beide wurden immer lauter. Es war egal, ob uns die anderen hörten. Wir kannten in diesem Moment keine Hemmungen. Und als ich irgendwann unter einem lauten Schreien kam, hörte und fühlte ich nichts als weißes Rauschen.

Zwischen Moritz und mir entbrannte eine wilde Affäre, über die ich im Nachhinein sagen werde, dass sie mich ein Stück weit mehr sexuell befreite. Weil Moritz mit sich selbst, seiner Sexualität und seinem Körper so im Reinen war, dass es automatisch auf mich abfärbte. Ich hörte auf, mir Gedanken über meinen Körper zu machen, traute mich, laut beim Sex zu sein, meine Lust zu zeigen. Das hatte ich vorher nur innerhalb einer Liebesbeziehung gekonnt. Ich hatte das Gefühl, eine andere Ebene in mir gefunden zu haben, auf der ich wirklich die Kontrolle abgeben konnte und mich plötzlich mehr traute. Einfach auch, weil Moritz mir dabei half, diese Schwelle zu überwinden.

Später wurde ich selbst für viele der Männer, mit denen ich schlief, zu so einer Person. Eine, die dem anderen dabei half, sich zu öffnen, sich frei zu fühlen. Zu experimentieren, sich zu trauen, die eigenen Fantasien auszuleben. Ich war und bin gerne diese Person, weiß ich doch, wie heilsam es für mich selbst war, jemandem zu begegnen, der mir auf so vielen Ebenen so guttat.

Und ich wurde zu einem Menschen, der andere vor allem dazu ermutigt, auf ihr Bauchgefühl zu hören, egal, ob dieses Gefühl mit irgendeinem Fünfjahresplan zusammenpasst oder nicht. Und unabhängig davon, was andere dazu sagen. Denn es geht ja um unser Leben, unsere Wege und unsere Zufriedenheit. Darum, dass wir uns selbst guttun und unser Leben auch so gestalten. Uns mit Orten, Ideen und Menschen umgeben, die wir mögen.

Moritz tat mir in dieser Zeit so gut. Und Silvie tat mir gut. Und Paula sowieso. Ich wusste, ich hatte in ihnen Menschen gefunden, die in meinem Leben bleiben würden und für die auch ich irgendwann so da sein würde, wie sie es in den Wochen darauf für mich waren. Und so verbrachte ich tatsächlich den Sommer, bevor ich nach Berlin zog, bei den dreien auf dem Land. Ab und zu fuhr ich nach Göttingen, um Dinge zu regeln, und auch, um Max zu sehen, der mir sehr fehlte. Aber ein bisschen flüchtete ich mich in diese andere, offene und schöne Welt und es fühlte sich so an, als wäre es nie anders gewesen. Ich tankte auf. Durfte reden, wenn ich es brauchte, oder hörte den anderen einfach nur zu, wenn sie leidenschaftlich über irgendetwas debattierten. Ich dachte nach, fühlte genau in mich hinein, was ich wie verändern wollte, und rappelte mich wieder auf. Schmiedete Pläne, setzte sie Schritt für Schritt in die Tat um. Immer mit dem Vertrauen, dass da noch jemand war, der mir half, sollte ich mal nicht weiterwissen.

Und langsam, ganz langsam wurde ich wieder ich selbst. Nein, vielmehr wuchs ich über mich hinaus, lernte mich in den Wochen wieder selbst neu kennen. Ich lernte wieder, mich zu lieben, mir zu verzeihen, denn ich hatte nicht gut auf mich aufgepasst. Ich fand mein Lachen wieder, machte endlich wieder Musik, und das ohne Notenzettel, einfach frei heraus. Ich hörte auf meine eigenen Wünsche und war mir selbst wieder genug wert, sie ernst zu nehmen und alles dafür zu tun, sie mir zu erfüllen. Und so packte ich eines Tages mein kleines Hab und Gut in Silvies gelben Bulli und fuhr mit Paula nach Berlin in mein neues Leben.

7. Liebe Anna,

ich war erst nicht sicher, ob ich dir schreiben soll. Aber dann dachte ich mir, dass ich diese Zeilen vielleicht auch selbst brauche. Um einiges aus der Vergangenheit noch einmal vor mir zu sehen. Um dich vor mir zu sehen.

Ich mag dich. Ich mag, wie du bist. Nicht erst seit Berlin. Obwohl ich dich dort besonders zu lieben gelernt habe. Weil du dich so frei gefühlt hast. Du hattest – nach all den dunklen Wochen – den Mut, einfach draufloszugehen und zu gucken, was passiert. Ohne Job, mit WG-Zimmer auf Zeit, aber mit Mut und Spaß im Gepäck. Du bist in dein neues Leben und in das deiner neuen besten Freunde gepoltert und bist dort geblieben. Du bist mit deinem Secondhand-Blumenkleid aus Kreuzberg durch die warmen Sommernächte getanzt, hast laut gesungen und noch lauter gelacht. In dieser Zeit habe ich mich noch einmal mehr in dich verliebt.

Ich mochte, wie du deine neuen Chefs um den Finger gewickelt hast, ohne eine Ahnung davon zu haben, wie man eine Einrichtung für Drogenabhängige und Obdachlose leitet. Aber du hast mit deinem neu gewonnenen Selbstbewusstsein überzeugt, ihnen einfach gesagt: »Kein Problem, klar schaff ich das!«, weil du wusstest, dass du es schaffst. Weil du tief in dir drin immer weißt, was du kannst. Und auch, was du nicht kannst.

Und ich bin so froh, dass Max und du in dieser Zeit wieder zusammengefunden habt. Du liebst diesen Mann so sehr, es wäre furchtbar gewesen, wenn ihr euch verloren hättet. Weil ihr großartig zusammen seid. Mit dieser Trennung habt ihr euch als Paar gerettet. Auch wenn das paradox klingt. Aber nur so konntet ihr für euch alleine herausfinden, wer ihr ohne den anderen seid und was ihr vom Leben wollt. Die letzten Jahre Revue passieren lassen und neue Ideen und Perspektiven entwickeln.

Und diese neue Perspektive, die ihr für euch am Ende gefunden habt, war nun wirklich sehr neu. Als frische Singles hattet ihr nach kurzer Zeit eine Affäre miteinander begonnen. Erst ganz heimlich und versteckt. Und irgendwann auch wieder gemeinsam mit euren Freunden auf Geburtstagen oder Partys. Ihr wolltet irgendwann nicht mehr ohneeinander sein. Wieder Verantwortung füreinander und eure Beziehung übernehmen. Eine Affäre reichte euch nicht. Aber eine monogame Beziehung mit all ihren strengen Regeln war auch nicht (mehr) eures. Ihr wolltet den Sex, die Aufregung, den Spaß mit anderen, neuen Menschen nicht aufgeben. Die Beziehung aber auch nicht. Warum eure Beziehung also nicht öffnen?, habt ihr euch gefragt. Und so habt ihr angefangen zu überlegen, wie diese Beziehung – diese offene Beziehung – genau funktionieren könnte. Diskutiert habt ihr, gestritten, miteinander gelacht. Bis ihr eure eigenen Spielregeln gefunden habt. Wie die zum Beispiel, dass Menschen aus eurem Freundeskreis tabu bleiben.

Für dich war das anfänglich schwierig. Du hattest Sorge, niemanden zu finden, dem du unbekannterweise eine Art Vertrauensvorschuss geben könntest. Das war bei Männern, die in deinem erweiterten Freundeskreis so herumschwirrten, wesentlich leichter. Einfach so in einer Bar, einem Club oder im Supermarkt jemanden kennenzulernen, der klug und witzig ist und den du heiß findest und der euer Beziehungsmodell auch noch in Ordnung und dich ebenso anziehend findet – das war für dich noch ein abwegiger Gedanke.

Doch dann hast du Ben getroffen. Mitten auf einer Album-Release-Party in Berlin-Friedrichshain stand er da und ihr konntet eure Blicke nicht voneinander lassen. Und dann später, mitten in der Menge, seid ihr wortlos aufeinander zugetanzt und habt euch geküsst. Einfach so.

Das war der Anfang einer wunderschönen Affäre, die fast einhalb Jahre lang ging. Noch heute ist er der Referenzrahmen dafür, dass eine Affäre heiß, liebe- und respektvoll sein und auch enden kann, ohne dass einer von beiden mit gebrochenem Herzen aus der Geschichte rausgeht.

Ben und du, ihr wart verknallt ineinander, hattet wahnsinnig schönen und aufregenden Sex, habt zusammen gelacht, geredet, wurdet Freunde. Wart besonders füreinander. Aber Ben wusste immer, dass Max der eine Mann in deinem Leben war. Und es störte ihn nie. Ganz im Gegenteil. Als du ihm von Max und deiner Verlobung erzähltest, freute er sich aufrichtig für euch beide. Und dann irgendwann ging es mit euch zu Ende. Ohne Drama. Mit ein paar Abschiedstränchen. Und noch heute weißt du, dass du Ben im Notfall immer anrufen kannst.

Du hast deine große Liebe geheiratet. Erst im Standesamt mit den engsten, euch liebsten Menschen. Die Tage danach warst du mit Max auf Wolke 18. Ganz alleine habt ihr euch über diesen, euren Schritt gefreut. Ihr hättet es nicht gedacht, aber ein kleines bisschen fühlte sich doch kurz alles anders an. Ein bisschen enger. Ein bisschen bedeutsamer.

Im darauffolgenden Sommer – zum zehnjährigen Jubiläum eurer Liebe – habt ihr dann die große Party geschmissen. Alle alten Freunde, alle alten Lieder, all die alte Verbundenheit füllten den riesigen Raum. Das war tatsächlich einer der schönsten Tage deines Lebens.

Du hast immer davon geträumt, die Welt zu sehen. Und irgendwann, noch relativ am Anfang deiner Berlin-Zeit, hattest du die Idee, allein durch Thailand zu reisen. Du hast dich tatsächlich getraut. Obwohl du drei Tage kaum schlafen konntest vor Angst, nachdem du tatsächlich ernst gemacht und dir ein Flugticket gekauft hattest. Was für ein Abenteuer! Und natürlich war der ganze Trip am Ende – neben all den Stränden, Korallen, Tempeln und spannenden Menschen – eine Reise zu dir selbst. Jede einsame Minute hast du durchgestanden, dich gut um dich selbst gekümmert, dich nicht im Stich gelassen. Ja, allein mit deinen Gedanken zu sein, das hast du auf deiner Reise gut gelernt.

Allein sein. Etwas, das du, bis du 18 warst, so gar nicht konntest. Du musstest es erst langsam lernen. Nur du mit dir, ohne Ablenkung. Heute kannst du gar nicht mehr ohne diese Zeit, in der du einfach nur mal an die Decke guckst. Gar nichts denkst und nur fühlst, was bei dir gerade so los ist. Ohne ausreichend Zeit mit dir allein würdest du mittlerweile irgendwann durchdrehen.

Doch früher zu Schulzeiten war es genau andersrum. Immer musstest du unter Leuten sein oder Musik machen oder zum Sport gehen. Von morgens bis abends auf Achse sein. Das wurde dir so vorgelebt. Aber du brauchtest es auch. Sonst wärst du mit deinen Gedanken allein gewesen. Und das machte dir Angst. Dann hättest du vielleicht Dinge gedacht und Gefühle gehabt, die dir etwas hätten sagen wollen, dich etwas fragen wollen. Ob du vielleicht deshalb so viel unterwegs warst, damit du nicht zu Hause sein musstest? Weil die Stimmung dort schon länger nicht mehr so war, wie du es dir innerhalb einer Familie gewünscht hättest? Du wolltest lieber alles runterdrücken. Einfach weitermachen, immer weitermachen. Denn alles Darunterliegende wäre lange Zeit zu viel für dich gewesen. Das war deine Überlebensstrategie.

Ich glaube, nach außen sah es immer so aus, als sei alles in Ordnung. Als sei dein Leben von klein auf doch ziemlich gut verlaufen. Vater, Mutter, du und dein kleiner Bruder. Sogar die Oma lebte mit im großen Haus in dieser lieben, sicheren, kleinen Großstadt. Dass es hinter verschlossener Tür auch anders aussehen konnte, haben nur deine besten Freundinnen mitbekommen.

Heute weißt du, dass eine gesunde Eltern-Kind-Beziehung vor allem damit zu tun hat, dem Kind eine verlässliche und bedingungslose Stütze zu sein, wenn sie gebraucht wird. Und damit, das Kind vertrauensvoll gehen zu lassen, wenn es so weit ist. Langsam. Schritt für Schritt.

Dir fiel das Gehen sehr schwer, ich weiß. Jahrelang hat dich das schlechte Gewissen geplagt, deine Mutter vermeintlich im Stich gelassen zu haben. Auch wenn du so viele Jahre zuvor für sie da warst. Ihr zur Seite gestanden hast. Wie eine Mutter zu ihr warst. Obwohl es eigentlich andersherum hätte sein sollen.

»Ich habe dich vergöttert«, hast du Jahre später gehört. Und ja, es stimmt. Du wurdest vergöttert. Auf Händen getragen, mit Löwenkraft verteidigt, abgöttisch geliebt. Abgöttisch. Das hieß für dich auch, dass du gottgleich sein musstest. Denn auch Lob ist Gewalt. Du willst, nein du brauchst dieses Lob, denn wer bist du sonst?! Aber wer ist schon Gott? Du nicht. Du bist ein Mensch. Ein Säugling, ein Kind, eine Jugendliche, eine junge Frau, eine Frau, die Fehler macht. Und das musst du. Fehler machen. Wie solltest du sonst lernen, was du brauchst? Wer du bist? Was gut für dich ist und was nicht?

Und genau das musstest du lernen, meine liebe Anna. Fehler machen. Und dich nicht mit Liebesentzug bestrafen, so wie du es von früher kennst. Und ich weiß, es fällt dir heute noch schwer, nicht perfekt sein zu wollen. Immer mal wieder tappst du in diese Falle, deinen Selbstwert an deiner Leistung, an deinem Gefallen, am Außen festzumachen. Dabei weißt du es besser. Du weißt, dass du mit dir selbst gnädig sein darfst. Und dass du so, wie du bist, genug bist.

Es ist gut und wichtig, dass du mittlerweile deine Grenzen kennst. Auch wenn es dir nicht jedes einzelne Mal gelingt, sie auch einzuhalten. Wenn du dich mal wieder überarbeitest, zum Beispiel. So viel nach außen gibst und Energie raushaust, die du eigentlich nicht mehr vorrätig hast. Im Dispo deiner eigenen Kraft lebst. Aber da bist du dran und du weißt darum, das ist der erste und wichtigste Schritt.

Denn mittlerweile kannst du Nein sagen. Und Ja sagen. Und auch alles dazwischen. Du bist klar mit dir und den anderen. Das gibt dir und mir Sicherheit. Und den Menschen um dich herum auch. Klarheit gibt Sicherheit. Und du hast gelernt, dass du nur die Chance hast zu bekommen, was du brauchst, was du möchtest, wenn du weißt, was das überhaupt ist. Und wenn du deine Wünsche aussprichst. In deiner Beziehung, bei der Arbeit, bei deinen Freunden, beim Sex, in deiner Affäre.

Ein großer Wunsch war es, wieder mit Max in einer Stadt zu leben und eurer Fernbeziehung ein Ende zu setzen. In Hamburg zusammenzuziehen, gleich neben Paulas Wohnung. Den Job in Berlin an den Nagel zu hängen. Du wolltest etwas Neues wagen. Ein Abenteuer beginnen. Jetzt bist du selbstständig und genießt, dass in deinem Leben keine Langeweile aufkommt. Bücher, Kolumnen, Songs schreiben, deinen Podcast mit Paula aufnehmen und mit ihr zusammen auf der Bühne stehen, Lesungen veranstalten und noch tausend andere Ideen im Kopf zusammenspinnen. All das macht dir einfach nur wahnsinnig viel Spaß. Du liebst es, weil du endlich etwas gefunden hast, wodurch du dich verwirklichen und weiterentwickeln kannst. Ganz selbstbestimmt.

Du siehst dich. Manchmal verlierst du dich auch noch mal für einen Moment aus den Augen. Aber im Großen und Ganzen hast du dich gut im Blick. Immer wieder hältst du inne und guckst, wo du stehst. Ob dein Weg noch der richtige ist. Auch wenn das manchmal für dich und deine Liebsten unbequem ist. Doch du hast so viel Vertrauen in dich und Max und deine Freunde, dass du dich traust, wirklich ehrlich zu sein.

Ich wünsche mir für dich, dass du dich auch an Dinge herantraust, von denen du vorher sagen würdest, dass du sie auf keinen Fall kannst. Ist ja nicht schlimm, wenn's nicht klappt. Du darfst ruhig noch mutiger sein.

Und ich wünsche mir für dich, dass du es weiterhin schaffst, der Frau, die dich früher oft nicht ganz frei sein hat lassen, trotz allem dankbar zu sein. Denn sie hat dich sehr viel gelehrt. Besonders durch die Beziehung zu ihr bist du so stark geworden. Aus dem Befreiungsschlag heraus. Und, weil dir diese besondere Frau auch sehr viel Stärke vorgelebt hat.

Und auch, wenn dich deine eigene komplexe Gefühlswelt manchmal nervt, ist sie am Ende doch etwas sehr Wunderbares. Du weißt, wie sich Verzweiflung und tiefe Traurigkeit, Angst und schöne Melancholie anfühlen. Du kennst das Gefühl, vor Liebe und Glück zu platzen. Du weißt, wie sich alle Töne dazwischen anfühlen. Und auch, wenn du dich nicht immer traust, deine Gefühle nach außen zu tragen, so trägst du sie doch alle in dir. Und dafür darfst du dankbar sein. Dein Herz, dein Verstand und deine Erfahrungen haben dich bis hierher gebracht. Jedes einzelne Hoch und jedes einzelne Tief.

Und da, wo du gerade stehst, ist es doch im Grunde genommen sehr schön, oder?

Ich schreibe dir all das, weil ich glaube, dass es wichtig ist, sich manchmal daran zu erinnern, was das eigene Leben so Positives mitbringt. Was man geschafft hat, welche Hürden man gemeistert hat. Denn manchmal vergisst man das. Vergisst, wie stark und großartig man selbst ist. Dass man sich selbst genug sein darf. Sich selbst lieben darf. Obwohl das für dich, genauso wie für viele andere, keine leichte Lebensaufgabe ist.

Aber weißt du was, Anna? Ich habe das Gefühl, dass du, was die Liebe zu dir selbst angeht, ein großes Stück geschafft hast. Auch wenn du lange darauf warten musstest, bis du an den Punkt gekommen bist, an dem du sagen konntest, dass du dich selbst wirklich magst und annehmen kannst. Mit all deinen Farben und Facetten. Ich glaube, du bist da gerade ganz richtig.

In großer Liebe,
Deine Anna

8. Mit dir ist gut Apfel essen

Ich wache an diesem Berliner Morgen in meiner Airbnb-Wohnung mit einer inneren Zufriedenheit auf wie schon lange nicht mehr. Keine Ahnung, ob es der bitter nötige lange Schlaf oder einer meiner Träume war, an die ich mich aber leider nicht erinnere. Ich stehe auf und gehe ins Bad, um meine Zähne zu putzen. Auch wenn ich mich ausgeschlafen fühle – aussehen tue ich so gar nicht danach, denke ich und mustere meine zugeschwollenen Augenlider. Ist das etwa schon wieder so eine komische Schwellung, wie ich sie schon mal hatte? Ich zupfe an meinem linken Auge herum. Bitte nicht! Mein zugeschwollenes Lid hatte damals so furchtbar ausgesehen. Und heute Abend wollte ich doch mit Justus tanzen gehen und ein bisschen flirten.

Obwohl, fällt mir ein, als ich an meine damalige Matschaugennacht denke, es hatte im Prinzip nur mich gestört und niemanden anderes sonst. Ich weiß noch, dass an diesem einen besonderen Abend in Hamburg alles anders gekommen war als gedacht. Nichts lief damals so, wie ich es erwartet hatte. Und schon der Start war irgendwie bescheuert. Doch dieser Abend wurde zu einer der besten Nächte seit Langem …

»Ich hab ein ganz schlimmes Matschauge, Rick! Warte, ich schicke dir mal ein Foto«, nölte ich in meiner WhatsApp-Sprachnachricht an meinen besten Berlin-Freund Rick und fing an, mit meiner Handykamera herumzuhantieren. Ich bin genervt und sauer. Sauer auf mein angeschwollenes Augenlid, denn ich wollte heute Abend einfach nur fabelhaft aussehen und dieses Handicap stellte mich vor unüberwindbare Schminkherausforderungen. Mein Gesicht sah einfach nur verkehrt aus. Rot, dick, und das Gewicht der Schwellung drückte mein Auge so nach unten, dass mein komplettes Gesicht unförmig aussah. Wahrscheinlich war es nur ein Gerstenkorn, also nichts Schlimmes. Aber ich sah aus wie Karl Dalls verschollene Tochter. Und mit der will bestimmt keiner flirten, geschweige denn heißen, hemmungslosen Sex haben. Denn wie würde ich als passionierte Tief-in-die-Augen-gucken-Flirterin bitte dabei aussehen? Dass es weitaus Schlimmeres als so ein bescheuertes Matschauge gab, wollte ich in meinem Zorn nicht sehen. Ich wollte sauer sein.

Sauer war ich nämlich auch auf Paula, die heute eigentlich hatte mit mir ausgehen wollen. Doch meine beste Freundin versetzte mich, weil sie mal wieder einen Termin verdaddelt hatte und nach Köln zu einer Songwriting-Session fahren musste. Ich liebe Paula, aber ihre Planlosigkeit, die ab und an auch Auswirkungen auf mich hat, geht mir manchmal wahnsinnig auf den Sack. Wir beide hatten uns wochenlang kaum gesehen, weil sie beruflich so viel unterwegs gewesen war. Und wir brauchten diesen Abend. Dringend. Freundinnenzeit, gute Drinks, die Arme auf der Tanzfläche in die Höhe reißen und »Die Welt ist groß und wir sind wunderschön« rufen. Das hatten wir vorgehabt. Aber nichts da. Ich war enttäuscht. Und gefrustet.

Zu unserer Abendplanung gehörte auch die Verabredung mit einem befreundeten Songwriter-Kollegen von Paula, der uns zum

Essen in seine Wohnung in unsere geliebte Hamburger Schanze eingeladen hatte. Ich selbst hatte Michael bisher nur zweimal getroffen, mochte ihn aber auf Anhieb und freute mich deshalb noch einmal mehr auf den Abend. Michael wollte kochen, wir den Wein mitbringen. Toll, dachte ich nun, dank Paulas extrem kurzfristiger Absage muss ich da alleine hin, der hat bestimmt gar keine Lust, seinen Samstagabend nur mit mir zu verbringen.

»Doch, Anna, du gehst da jetzt trotzdem hin«, sprach Rick mir gut zu, während ich schmollend in der Badewanne lag. »Du lernst doch gerne neue Leute kennen und wer weiß, was heute noch so passiert. Und so schlimm sieht dein Auge nun auch wieder nicht aus. Gib dem Abend 'ne Chance.«

Na gut, redete ich mir selbst gut zu. Scheiß auf das Hängeauge, schmink es über, zieh dir was Nettes an und geh einfach los. Manchmal muss man sich selbst ein bisschen zu seinem Glück zwingen.

Und so stand ich ein paar Stunden später in einem kleinen schwarzen Wickelkleid und mit einer Weinflasche bewaffnet vor Michaels Wohnungstür und war nun doch etwas nervös.

Als sich die Tür öffnete, stand Michael breit grinsend und mit offenen Armen da, um mich in Empfang zu nehmen. »Schön, dass du da bist«, lachte er mich an, drückte mich fest an sich und nahm mir dann den Wein ab. »Die anderen sind auch schon alle da.«

Die anderen?, dachte ich verwirrt, freute mich aber über die herzliche Begrüßung. Ich zog mir Schuhe und Jacke aus und ging mit Michael ins Esszimmer, in dem mich drei Augenpaare freundlich musterten.

»Das ist Anna. Sie schreibt und redet beruflich über Sex«, stellte mich Michael vor und verschwand grinsend in der Küche.

»Tja Leute, was soll ich da sagen: Hi! Und ihr so?« Ich lachte die anderen an und gab einem nach dem anderen die Hand, um auch deren Namen zu erfahren.

Jules und Linus sagten mir als Erstes Hallo und reichten mir die Hand über den großen, hellen Holztisch hinweg. Die beiden waren ein Pärchen, von dem ich später begeistert schwärmen würde. Weil sie keins dieser Pärchen-Pärchen waren, das die ganze Zeit aufeinanderhockte und nur auf sich bezogen war. Sie waren gerne mit anderen zusammen, gingen aus, klebten nicht aneinander.

Bevor Michael mit einem Tablett voller Antipasti, Käse und anderen Leckereien hereinkam, stand der letzte mir noch Unbekannte auf und strahlte mich frech an. »Ich bin Tommy«, sagte er und gab mir die Hand. Irgendwas war an diesem Blick, an diesem Mann besonders, dachte ich, grinste breit zurück und sank dann in den bequemen Polsterstuhl direkt ihm gegenüber.

»So, Anna«, setzte Tommy laut an, während wir aßen. »Wir kennen uns ja alle schon seit tausend Jahren und du bist die Neue hier in der Runde. Du musst jetzt also damit leben, dass wir dich dringend ausfragen müssen!«

Wir lachten und ehe ich den ersten Schluck Wein getrunken hatte, prasselten die Fragen nur so auf mich nieder, auf die ich offen antwortete. Die meisten – ziemlich unverblümten – Fragen kamen vom neugierigen Tommy, der ein bisschen mit mir zu flirten schien.

»Du lebst also in einer offenen Beziehung?« Er reichte den Brotkorb herum.

»Was macht denn den Reiz an so einer Beziehung für dich genau aus? Wieso habt ihr euch dafür entschieden?«, setzte Jules gleich hinterher, bevor ich überhaupt etwas sagen konnte.

»Na ja, ich liebe meinen Mann und kann mir ein Leben ohne ihn gar nicht vorstellen. Aber ich liebe den Reiz des Neuen eben auch. Jemand

Spannenden zu treffen und zu gucken, wo das so hinführen kann. Meine Lust auszuleben. Sex zu haben«, antwortete ich so ehrlich, wie ich es immer tue. Ich merkte, wie Tommys Interesse an diesem Gespräch wuchs, und musste schmunzeln. So durchschaubar, der Mann, dachte ich und nahm mir zwei Scheiben Baguette, als der Korb bei mir ankam.

»Du bist also ein besonders lustvoller Mensch und hast gerne viel Sex?« Tommy guckte mich direkt an, musste aber in Anbetracht der stumpfen Aussage selbst lachen. Wir anderen auch, denn so eine plumpe Anmache musste einfach ein bisschen bestraft werden.

»Frauen wird ja im Gegensatz zu Männern eher nachgesagt, dass sie lieber kuscheln wollen, statt zu vögeln«, warf nun Michael provokant ein und schenkte uns allen Wein nach. »Bullshit«, riefen Jules und ich fast zeitgleich aus.

»Das ist halt einfach nur Quatsch«, sagte ich. »Frauen können genauso viel Lust auf Sex haben wie Männer. Diese ganze Debatte müsste doch eigentlich langsam mal hinfällig sein. Jeder Mensch hat seine oder ihre Libido, und die ist halt mal so oder mal so. Das sind doch alles veraltete Rollenbilder, die immer noch ziehen und eine nervige Relevanz haben.«

»Da hast du wahrscheinlich komplett recht. Aber warum sind Frauen dann oft so passiv beim Sex?« Linus nahm einen Schluck aus seinem Glas. »Vor Jules war ich immer nur mit Frauen im Bett, die wie ein Seestern dalagen und nichts wirklich gemacht haben. Da musste ich immer überlegen, was als Nächstes passiert, und die Führung übernehmen.«

»Weil sie sich nicht getraut haben, wahrscheinlich. Oder überfordert waren«, beantwortete Jules die Frage ihres Freundes.

»Das glaube ich auch«, bekräftigte ich. »Ich denke, es gibt sehr viele Frauen, die sich nicht trauen, ihre Lust offen zu zeigen, und ich glaube, es gibt sehr viele Frauen, die gar nicht wissen, was ihnen beim Sex genau Spaß macht.«

Vielleicht geht es oft vor allem erst mal darum, sich auf die eigenen Ideen einzulassen und sie sich nicht zu verbieten, dachte ich. Denn dieses Gefühl beschleicht mich immer wieder, wenn ich mich mit anderen Menschen über dieses Thema unterhalte. Abgesehen davon, dass es enorme Überwindung kostet, über eigene Fantasien zu sprechen, fällt es vielen vor allem erst mal schwer, ihre sexuellen Wünsche überhaupt zu hören und anzunehmen. So ging es mir anfänglich auch. Ich zensierte und bewertete meine Fantasien. Und ich glaube, dass es vielen fernab vom Teenageralter noch so geht. Sie unterziehen ihre Lust einer Bewertung. Und das oft sogar relativ streng. Doch warum ist das so? Zu pervers, nicht ladylike genug, zu gewaltvoll oder dominant, zu devot oder zärtlich, zu dreckig, zu versaut …

Ich finde das wahnsinnig schade und bin froh, dass ich das irgendwann ablegen konnte. Weil ich weiß, wie aufregend es ist, sich den Spaß zu gönnen, den man auch tatsächlich haben will. Und sei es nur in Gedanken, während man sich selbst befriedigt.

»Ey, Leute, zum Glück weiß ich genau, was Frauen beim Sex Spaß macht!« Tommy grinste breit.

»Och, Tommy«, beschwerte sich Jules über die dümmliche Aussage. Die anderen schmunzelten nur müde über seinen flachen Spruch, die schienen das schon zu kennen.

»Nicht alle können einen Tommy haben«, tat ich seinen Kommentar etwas beiläufig ab. »Aber wie gesagt, es ist für viele Frauen oft nicht leicht. Und für viele Männer ja auch. Es gibt immer wieder Erwartungsdruck und Rollenklischees, die wir unnötigerweise erfüllen wollen.«

»Da haben Pornos natürlich auch einen Anteil dran.« Michael nahm sich von dem leckeren Schinken, der auf dem großen Holzbrett lag.

»Gucken Frauen überhaupt Pornos? Also meine letzte Freundin hat mir immer verboten, welche zu gucken. Die hat mir allerdings auch generell verbieten wollen, dass ich mir einen runterhole.« Linus schob sich gleich eine ganze Scheibe in den Mund.

»Was, ernsthaft?«, fragte ich irritiert. »Ich finde ja, Selbstbefriedigung ist absolute Privatsache. Ich lasse mir doch nicht reinreden, wie, wann und wie häufig ich mich selbst anfassen will!« Ich schnitt mir etwas Käse ab.

»Wie gesagt, das war die Seesternfrau. Da war eh alles ein bisschen komisch«, entgegnete er augenrollend.

»Ich gucke schon ab und an Pornos«, gab Jules unumwunden zu. »Manchmal gucken wir auch zusammen einen.« Sie lächelte Linus vielsagend an.

»Und du Anna?« Tommy grinste wieder breit. Er ließ einfach nicht locker. Süß war er ja, aber diese Proletentour ließ ihn unnötigerweise etwas einfach wirken. Und mein Bauchgefühl sagte mir, dass er sehr viel mehr draufhatte, als auf diese Weise eine Frau auf sich aufmerksam zu machen.

»Klar guck ich auch Pornos.« Ich schmierte mir Meersalzbutter auf meine Baguettescheibe. »Vor allem gerne Szenerien, die ich mir vorstellen kann, aber aus unterschiedlichen Gründen selbst noch nicht erlebt hab.«

»Und das wäre zum Beispiel?«, wollte er wissen.

»Das erzähl ich dir vielleicht später unter vier Augen«, grinste ich zurück und wir beide guckten uns etwas zu lange und sehr vielsagend an, während die anderen längst weiterdiskutierten.

»Leute, gute Nachrichten«, rief der DJ im Grünen Jäger, einem kleinen Hamburger Tanzschuppen, ins Mikrofon. »Nur noch 227 Tage bis Weihnachten!«

Die Menge grölte und schon hörten wir die ersten Takte von Mariah Careys »All I want for Christmas Is You«. Es war die beste Entscheidung, trotz langer Warteschlage durchzuhalten, bis wir endlich hier und jetzt auf der Tanzfläche standen. Ich hatte ewig nicht mehr solchen Spaß gehabt. Es lief alte Trashmusik von Britney Spears, den Backstreet Boys und Haddaway – nicht umsonst hieß die Partyreihe »Entdeck the Dreck«. Die Leute waren witzig und ich mit den vier anderen in bester Begleitung. Wir sangen uns laut an, auch wenn wir den Text nicht kannten, rissen die Arme hoch und kümmerten uns einen Scheiß darum, ob das, was wir mit unseren Körpern veranstalten, nur ansatzweise gut aussah. Ich liebte es!

Und ich genoss die dann doch subtile und diskrete Flirterei mit Tommy nach dem anfänglichen Geplänkel beim Abendessen. Wir tanzten immer mal wieder etwas enger miteinander, aber weder unsere Freunde noch die anderen im Club bekamen die winzig kleinen Berührungen mit, mit denen wir uns ganz langsam annäherten. Eine süße, fast schüchterne Annäherung, die mein Interesse an dem Tommy weckte, der nicht nur laut und etwas plump war. So, wie er mit mir umging, ahnte ich, dass da noch eine andere Seite in ihm schlummerte. Eine Seite, die ich mögen könnte und definitiv anziehend fand. Und die mir Lust auf mehr machte.

Auch, als wir um drei Uhr morgens mit allen in der Toast Bar um die Ecke noch einen Absacker tranken, blieb unser heimliches

Fummeln unterm Tisch von den anderen unentdeckt. Seitdem Tommy mir an der Garderobe des Grünen Jägers »Geh noch nicht nach Hause« zugeflüstert hatte und ich wortlos und lächelnd mit in die Toast Bar gekommen war, war die Sache klar. Ich mochte, dass er mir zuvorkam. Ich mochte, dass er auf leise Art so direkt war. Und ich mochte die stille Spannung, die sich zwischen uns aufbaute.

Es war die gleiche Spannung, die nun mit jeder Stufe zu seiner Wohnung größer wurde. Gleichzeitig merkte ich, wie wir ein bisschen unsicher miteinander wurden, als wir kurze Zeit später in seiner Küche standen. Ich erkannte es daran, dass wir anfangen, uns über Dinge zu unterhalten, die gerade wirklich überhaupt nicht wichtig waren und nur dazu dienten, Zeit zu gewinnen, um beieinander anzukommen. Tommy fing an, als Übersprunghandlung einen Apfel zu essen und mir zu erklären, wie gesund Äpfel im Allgemeinen und Besonderen so seien. Ich musste schmunzeln. Er war doch schon sehr süß, wie er da so vor mir an der Wand lehnte und in seinen Apfel biss.

»Willst du auch?« Er hielt mir seinen angeknabberten Apfel hin.

»Ja, gib mal her.« Ich ging einen Schritt auf ihn zu und biss rein, stand ganz nah vor ihm und grinste ihn kauend an.

Und dann küsste Tommy mich. Ganz zart und liebevoll. Ich erwiderte seine süßen Küsse und bin froh, dass er mich noch nicht mit seiner Zunge überfallen hat, denn mindestens ich habe noch ein Stück Apfel im Mund. »Ich muss erst runterschlucken«, lachte ich.

»Oh.« Tommy lachte zurück. Schnell kaute ich zu Ende und ließ mich wieder in unsere Küsse fallen. Doch bei süß und liebevoll blieb es nicht lange. Dafür hatte sich die Lust aufeinander schon zu sehr angestaut. Wir fingen an, uns auszuziehen, und gerade, als ich dachte, dass ich eigentlich kurz duschen gehen will – denn so, wie wir vorhin beim Tanzen geschwitzt hatten, macht vor allem Oralsex nur geht so viel Spaß –, unterbrach Tommy unser wildes Geknutsche und guckte mich mit großen Augen an: »Wollen wir duschen gehen?«

»Haha, ja! Auf jeden Fall. Los!«

Wir lachten und zogen uns die Klamotten von unseren Körpern.

«Eigentlich mache ich so was nicht. Also mit einer Frau zusammen duschen.« Wir standen nackt unter der Dusche und seiften uns unter dem heißen Wasser ein. Es war kein erotisches, heißes duschen, sondern ein irgendwie lustiges, lösungsorientiertes und leicht seltsames Unterfangen. Aber ich mochte es und würde später noch oft grinsen bei dem Gedanken daran.

»Ich auch nicht oft. Aber wenigstens lieben wir es beide, heiß zu duschen. Und das ist grad ein bisschen das Beste.« Ich grinste und nahm das Duschgel vom Badewannenrand.

Kurze Zeit später liefen wir lachend in unsere Handtücher gewickelt durch Tommys Flur bis ins Schlafzimmer. Und das, was dann passierte, war weit weg von irgendwelchen Seesternen oder einseitigem Aktionismus. Denn auch, wenn mein Matschauge eher auf Halbmast stand, waren Tommy und ich auf Augenhöhe. Wir knutschten uns durch das ganze Bett und begannen, uns überall zu berühren. Als wir uns in die Augen schauten, konnte ich sehen, dass er genauso heiß auf mich war wie ich auf ihn. Ich liebe es, wenn ich mir der Lust des anderen sicher bin. Das ist das »Go«, das ich brauche, um die Kontrolle abzugeben, um mich einfach nur fallen zu lassen.

Tommy küsste und leckte sich hinunter zwischen meine Schenkel und ich genoss seine Zunge an meinen empfindlichsten Stellen. Versuchte, mich zurückzuhalten, denn alles, was ich eigentlich wollte, war, ihn sofort in mir zu spüren. Langsam ließ er seine Finger in mich gleiten und ich merke, wie geil es ihn machte, dass ich schon so feucht war.

»Mehr, schneller«, stöhnte ich, und Tommy kam meinen Wünschen mehr als gerne nach. Wenn er so weitermacht, komme ich jeden Moment, dachte ich. Aber ich wollte es noch hinauszögern. Mich noch selbst ein bisschen quälen. Dieses Spiel noch etwas länger spielen. Als meine Lust zu groß wurde, setzte ich mich auf und bedeutete ihm, sich auf den Rücken zu legen.

Langsam und genüsslich leckte ich mit meiner Zunge seinen harten Schwanz von oben bis unten, machte ihn überall nass. Nahm ihn langsam ganz tief in den Mund. Umkreiste ihn mit meiner Zunge. Tommy konnte den Blick nicht von mir lassen, was meine Lust und damit wiederum seine noch größer werden ließ. Ich mag es, wenn beide sich unverblümt zeigen, dass sie das, was der andere tut, anmacht. Es ist, als würde sich eine Lustspirale immer weiter nach oben schrauben, bis sie sich in völliger Ekstase auflöst.

Und genau das passierte, als ich ihm nun ein Kondom überzog, mich auf ihn setzte und anfing, mich zu bewegen. Wir ließen los. Gaben uns unseren Bewegungen hin. Übernahmen gemeinsam Regie für das, was passierte, ohne Peinlichkeiten, Tabus und festes Drehbuch. Es gab nur uns, unsere Körper und unsere Lust.

Noch Tage später würden mir Sequenzen dieser Nacht durch den Kopf schießen. Wie Tommy mich von hinten nahm und wir beide beim ersten Stoß laut aufstöhnten. Wie ich mich dabei selbst anfasste und er meine Haare fest im Griff hatte und an ihnen zog, während er immer härter und fester in mich stieß.

Oder wie wir zwischendurch wieder aufhörten, miteinander zu schlafen, uns wieder mit unseren Zungen und Lippen erkundeten.

Kurz runterfuhren, leise wurden. So leise, dass wir still genossen. So still, dass das Knistern zwischen uns zu hören war.

Oder wie wir irgendwann völlig verschwitzt und außer Atem auseinander in die Laken fielen und nichts mehr sagen konnten. Nur versuchten, den hohen Puls runterzuatmen, um wieder im Hier und Jetzt anzukommen. Mit dem stillen Einvernehmen, dass das, was gerade passiert war, einfach nur Wahnsinn war. Und wir beide wussten, dass das beim ersten Mal nicht wirklich oft vorkommt.

Vielleicht ist es mit dem Sex wie mit dem Tanzen. Manchen fällt es schwer, die Musik und ihren Körper richtig zu spüren. Sie brauchen eine feste Schrittabfolge, um das Gefühl zu haben, auf dem Parkett bestehen zu können. Manche sind komplett ungelenk, scheuen sich davor, aus sich herauszugehen, und stehen lieber am Rand. Brauchen vielleicht länger, um in der Situation anzukommen. Müssen erst mit sich und dem Gegenüber warm werden. Manchmal muss man ihnen die Hand reichen und ein paar Schritte zeigen. Ihnen Mut machen. Oder einfach etwas warten, bis sie sich eingrooven und von Unsicherheiten und Bedenken freistrampeln. Oder sie tanzen sich einfach erst mal alleine vor dem Spiegel frei, bis es ihnen gar nicht mehr so viel ausmacht, dass jemand sie dabei sieht oder mitmachen will.

Und dann gibt es diejenigen, denen es auf gute Weise von Anfang an egal ist, was andere denken. Die die Musik und den Tanz lieben. Die sich einlassen wollen und können. Die sich einfach bewegen und die Musik genießen. Denen es egal ist, ob sie vielleicht stolpern oder in einer Bewegung mal komisch aussehen. Denen es vor allem um das Gefühl bei all dem geht. Dem Gefühl, die Kontrolle zu verlieren, nicht mehr zu denken und sich einfach nur frei zu fühlen.

Und so jemand bin ich. Und so ist auch Tommy. Und wenn zwei Menschen, die diese Freiheit so lieben, zusammen tanzen, dann kann es sehr schön und heiß und aufregend werden.

Als wir später Arm in Arm im Bett lagen, war ich so zufrieden wie schon lange nicht mehr. Dieser Abend war komplett anders gelaufen als erwartet. Ich hatte laut gelacht, wild getanzt, neue Freunde gefunden und eine aufregende Nacht mit diesem spannenden Mann erlebt.

Und so schlich ich mich am nächsten Morgen leise aus seiner Wohnung nach Hause. Wollte ihn nicht wecken. Ich hatte, bevor ich die Wohnungstür hinter mir zuzog, einen Post-it-Zettel und einen Stift auf seiner Kommode im Flur gefunden und ihn an seinen Badezimmerspiegel geklebt. »Mit dir ist gut Apfel essen« – und meine Nummer darunter.

Und tatsächlich sahen wir uns zwei Wochen später wieder, denke ich, während ich mein Aufbackbrötchen mit Käse belege. Und danach trafen wir uns noch einmal. Und dann noch einmal. Das war wirklich eine schöne Zeit mit Tommy. Wir kochten, wir tranken Wein, wir erzählten, wir lachten und wir schliefen miteinander. Lange hatte sich keine so aufregende und gleichzeitig entspannte Affäre mehr mit jemandem angebahnt. Wirklich schade, dass es irgendwann vorbei war, denke ich und trinke mein Glas Orangensaft in einem Zug leer. Tommy musste irgendwann ins Ausland für einen sehr aufwendigen Filmdreh und ich, ich lernte Noah kennen. Und verliebte mich.

9. Der Höhepunkt kommt vor dem Fall

Mit unserem ersten Kuss hatte der Hamburger Sommerregen langsam angefangen, an das Dachfenster zu klopfen. Und genauso langsam, wie die Tropfen nach und nach die Scheibe hinunterglitten, hatte Noah mich ausgezogen. Nackt und zusammen weich und verschmolzen sein, ineinander verschlungen die Welt da draußen vergessen, das können wir gut, dachte ich, als ich nun völlig entblößt vor ihm auf dem Bett lag. Noah saß zu meinen Füßen und betrachtete mich. Sein Blick wanderte meinen Körper entlang. Fuhr meine Kurven ab und ich sah, wie er kurz zwischen meinen Beinen und meinen Brüsten verweilte und sich seine Augen fast unmerklich weiteten. Er will mich genauso wie ich ihn, war mein Gedanke. Und ich wusste, dass ich für Noah nicht perfekt aussehen, nicht das Perfekte sagen oder tun musste. Es reichte, dass ich da bin. Es reichte, dass ich mich einließ und wir uns begehrten.

»Du bist so schön, Anna. Und ich will dich so sehr«, flüsterte Noah leise in das Regentrommeln hinein und schaute mir direkt und tief in die Augen. Ich stöhnte leise auf und ließ langsam meine Hände über meine Taille bis runter zwischen meine Schenkel wandern. Fing an, mit meiner rechten Hand meine Scham zu streicheln, meine Vulva zärtlich zu umspielen. Scham, die kenne ich nicht. Erst recht nicht vor Noah, und so spreizte ich ganz langsam meine Beine und zeigte ihm, welche Berührungen mir selbst die größte Lust verschafften.

»Oh Gott«, stöhnte Noah und ich genoss, wie er mir mit leicht geöffnetem Mund dabei zuschaute. Ich sah, wie sich sein Brustkorb hob und senkte und er immer tiefer ein- und ausatmete. Seine Hand wanderte in seine Boxershorts und umfasste seinen hart gewordenen Schwanz. Bei diesem Anblick durchströmte mich eine Welle des Verlangens.

»Zieh sie runter, ich will dich sehen«, forderte ich ihn auf.

Noah stand auf und zog sich aus, ohne den Blick von mir zu nehmen. Er sah mir weiter dabei zu, wie ich mich auf dem Bett rekelte, mich selbst immer weiter zum Höhepunkt trieb. Meine Berührungen wurden stärker und auch Noah fasste sich selbst immer fester an und wurde in seiner Bewegung schneller. Ich wollte ihn spüren, auf mir, in mir. Jede Faser in mir wollte diesen Mann.

»Komm her«, stöhnte ich. »Komm her und schlaf mit mir.« Ich drehte mich auf den Bauch und hob langsam meinen Po und mein Becken, nicht ohne mich weiter selbst anzufassen. Noah liebte diesen Anblick, das wusste ich genau. Und ich liebte es, dass er nicht anders konnte, als mich jetzt mit seiner Zunge zu verwöhnen. Er leckte mich erst so zart, dass ich es kaum aushalten konnte. Wurde wilder, küsste mich überall.

»Ich liebe, wie du schmeckst«, hauchte er und ich wusste, dass wir beide uns kaum länger zusammenreißen konnten. »Fick mich«, sagte ich in den lauter auf die Scheiben prasselnden Regen hinein und drehte mich dabei mit dem Kopf zu ihm. Wir schauten uns an, high von unserer Lust, und lächelten. Denn wir liebten unser Spiel.

Quälend langsam drang Noah in mich ein, während ich noch immer auf dem Bauch lag, sein Gewicht auf meinem Körper spürte. Wir waren uns ganz nah. Ich hörte Noahs schnellen Atem, sein Gesicht vergrub er in meinen Haaren. Und als wir anfingen, uns langsam ineinander zu bewegen, gaben wir uns mit jedem Stoß unserer Lust hin.

Niemand konnte uns hören. Niemand konnte sehen, wie wir uns bewegten und Noahs Stöße immer schneller wurden. Niemand bekam mit, wie wir uns immer weniger halten konnten. Und niemand merkte, wie sehr wir uns begehrten, wie sehr wir einander wollten, wie sehr wir uns in diesen Momenten vertrauten. Und niemand fühlte, was wir fühlten, als wir immer lauter wurden und eine Lustwelle uns erfasste, die uns beiden den Atem nahm. Niemand bekam mit, dass wir für Minuten nach dem langsamen Abebben nichts sagen konnten. Bis Noah das Schweigen brach und mir ins Ohr flüsterte: »Du bist alles für mich.«

Noah und ich. Das war viel. Und das war intensiv. In alle Richtungen. Ich hatte lange keinen Menschen mehr getroffen, der mich so wach machte. Der mich so erregte und aufregte zugleich. Und der mich so in seinen Bann zog.

Wir hatten uns über Paula in einem Tonstudio kennengelernt und zwischen uns hatte es sofort gefunkt. Wir waren begeistert voneinander, feierten, wie der andere tickte, und waren leicht miteinander. Dass es Max und unsere glückliche offene Ehe gab, wusste Noah wie alle anderen meiner Liebhaber natürlich von Anfang an. Er war okay damit und wir ließen uns aufeinander ein.

Noah umgarnte mich. Überschüttete mich mit Aufmerksamkeit, witzigen Nachrichten und vertraute sich mir an. Zeigte mir immer wieder, wie sehr er mich begehrte und wie toll, wie schön er mich fand. Von Anfang an gingen unsere Gespräche sehr tief und wir beide hatten schnell das Gefühl, den anderen wirklich zu verstehen. Wir beide fühlten uns oft mit unserer komplexen Gefühlswelt überfordert, kannten Melancholie genauso gut wie das Gefühl, wahrhaftiges Glück zu empfinden. Ich fühlte mich gesehen. Und ich dachte, ihn zu erkennen.

Mit jedem unserer Treffen ließ ich mich mehr in seine Welt ziehen, ließ mich mehr auf ihn ein. Noah erschuf zwischen uns eine Verbindlichkeit, die ich innerhalb einer Affäre so nur einmal mit Ben damals erlebt hatte. Und dort war alles gut gegangen. Nicht nur das, es war sehr schön und bereichernd gewesen. Ben und ich waren damals gute Freunde geworden. Ohne, dass diese Freundschaft nur ansatzweise Max und meine Beziehung gefährdete. Und auch zwischen Noah und mir entstand – neben unserer heißen Affäre – eine innige Freundschaft, von der ich nach mehreren Monaten sicher davon ausging, dass sie unsere Affäre überdauern würde. Ich vertraute ihm.

Genau zu diesem Zeitpunkt wurde aus Noahs Verlässlichkeit plötzlich ein Nähe-Distanz-Spiel, in dem ich das Gefühl hatte, er schalte mich emotional an und aus, wie er es gerade brauchte. Erst trafen wir uns wochenlag plötzlich nicht mehr. Dann meldete er sich von jetzt auf gleich wieder. Wenn ich antwortete, bekam ich keine Antwort mehr zurück. Dann fühlte er sich Tage später wegen irgendetwas schlecht oder durcheinander und bat um Rat, wollte mir sein Herz ausschütten. Schickte lange Sprachnachrichten, wirkte getrieben, unklar und auf der Suche. Nach was genau, wusste er selbst nicht. Und dann war auf einmal alles so wie vorher. Wir schickten uns ab und an liebe Nachrichten, erkundigten uns, wie es dem anderen ging, und trafen uns.

Doch mich nervte sein komisches Verhalten irgendwann. Und es verunsicherte mich. Weil ich plötzlich nicht mehr richtig einschätzen konnte, woran ich war. Vorher hatte ich das Gefühl gehabt, wir wären etwas Besonderes füreinander. Und ich mochte diesen Gedanken. Jetzt war ich mir da gar nicht mehr so sicher. Aber ich blieb und ließ mich weiter darauf ein. Weil ich die guten, nahen Momente so sehr mochte, die es in den ersten Monaten zuhauf gegeben hatte.

Und diese Momente gab es immer noch, wenn wir uns sahen. Dann war es wie immer. Dann war alles wieder da. Die Anziehung war groß, die Gefühle schienen groß, der Sex war groß. Aber danach kam immer öfter der Kater. Die Glückshormone waren ausgeschüttet und ich war damit beschäftigt, mich so schnell es ging wieder klar zu kriegen. Mich wieder gut mit mir selbst zu fühlen. Der Kontakt blieb anstrengend, die Treffen ausnahmslos wunderschön. Bis auch diese zu einer Achterbahnfahrt wurden. Denn ganz langsam fing die Situation an zu kippen.

Verschwitzt und außer Atem ließen wir uns nebeneinander auf die Matratze fallen. Wow, das war krass, dachte ich. Und das, obwohl wir schon seit fast einem Jahr miteinander schliefen. Es schien sich einfach keine Routine, keine Langeweile einzuschleichen. Und ich genoss das. Nicht nur den Sex, nein das ganze Drumherum an so einer Nacht wie dieser. Wir lagen dann zusammengekuschelt auf dem Bett, aßen fiese Chips und Schokolade, redeten über unsere jeweiligen Welten, waren leise und laut, melancholisch und albern.

Als seine Exfreundin Marie noch nicht aus deren gemeinsamer Wohnung ausgezogen war, hatten wir uns meist in Hotelzimmern getroffen. Es hatte sich immer wie ein paar Stunden Urlaub angefühlt. Ganz frei und unbeschwert. Wir hatten so viel Spaß zusammen. Einmal lagen wir nach dem Sex nackt im Bett und ich musste immer ein Land nennen und Noah fing dann an, auf meinem Körper zu trommeln und dachte sich Lieder in der jeweiligen (Fantasie-)Sprache aus. Oder wir spielten kleine Theaterstücke und improvisierten die bescheuertsten Szenen und Sketche.

Doch mittlerweile trafen wir uns in Noahs Wohnung. Und das hatte etwas verändert. Zum einen, weil es kein neutraler Spielplatz mehr war, sondern sein Zuhause, in dem ich ihn besuchte und somit Gast war. Und zum anderen, weil es sich weniger abenteuerlich anfühlte. Es fühlte sich auf der anderen Seite aber auch etwas verbindlicher, näher an. Zumindest am Anfang.

»Möchtest du auch was trinken?«, fragte mich Noah, während er aufstand und schon halb zur Schlafzimmertür raus war. »Ja, gerne«, antwortete ich und machte es mir unter der Decke gemütlich. Als er wiederkam, reichte er mir mein Glas und hatte unerwarteterweise eine Jogginghose und ein T-Shirt an.

»Kommst du nicht wieder ins Bett?«, fragte ich erstaunt.

»Ja, also, du …«, setzte er an und ich spürte, wie sich im Raum die Stimmung wandelte. »Du musst ja morgen früher raus«, meinte er, »und ich kann jetzt noch nicht schlafen und da dachte ich, ich geh rüber ins Wohnzimmer und guck noch ’nen Film und penn dann später einfach da auf dem Sofa. Dann stör ich dich nicht.«

»Du störst mich doch nicht«, setzte ich an, aber als mir die eigentliche Botschaft seiner Worte bewusst wurde, schnürte sich in mir alles zu.

Er will alleine sein. Er will nicht, wie wir es seit einem Jahr immer während unserer Treffen getan haben, die Nacht mit mir verbringen und mit mir im Dunkeln noch Quatsch erzählen. Er will mich nicht. Ich bin ihm plötzlich zu viel. Oder zu wenig. Alles Sätze, die durch meinen Kopf kreisten und mich rot anlaufen ließen, als ich mich kurze Zeit später auf den Weg nach Hause machte.

Ich war wütend. Wütend auf mich selbst, weil mich das Ganze

traurig machte. Und ich war gekränkt, weil ich spürte, wie er nach und nach das Interesse an mir verlor. Und ich das im Gegenzug nicht tat, obwohl mir diese ganze Geschichte schon länger nicht mehr ausnahmslos guttat.

Und ich war sauer, weil ich auch das Gefühl hatte, dass Noah austesten wollte, wie weit er gehen konnte. Ich kannte ihn mittlerweile so gut, dass ich wusste, wie egozentrisch er war. Und dass es ihm eine tiefe Befriedigung verschaffte zu spüren, dass er mich verletzen konnte. Denn in seiner verdrehten Welt bedeutete das eine Bestätigung seiner selbst. Und das war das, was er brauchte. Dafür spielte er vielleicht sogar Gefühle vor, die es nicht gab. Denn alles, was er machte, tat er für sein Ego.

Aus den krassesten Höhenflügen mit ein paar kleinen Tiefs wurde in den nächsten Wochen ein Auf und Ab, das für mich und meine Gefühlswelt immer schwerer zu greifen wurde.

Ich fühlte mich in einem Moment wahnsinnig gewollt und im nächsten wie abgeschoben. Und das Schlimme war: Ich nahm besonders die Momente, in denen Noah sich zurückzog, persönlich. Ich war gekränkt. Und ich empfand mich selbst als nicht liebenswert genug. Das hatte ich Jahre nicht mehr erlebt. Dass mein Selbstwertgefühl daran gekoppelt war, wie sehr mich jemand anderes mochte. Ich kannte dieses Gefühl noch aus einer Zeit, als ich ein kleines Mädchen war, und ich hatte nicht gemerkt, dass sich mit Noah die gleichen Gefühle wiederholten und er mich in seine ambivalente Gefühlswelt hineingezogen hatte. Ich hatte nicht gemerkt, dass ich mit dem Feuer spielte und mich langsam in dieser Geschichte verlor. Die Frage, die mein Unterbewusstsein zu dieser Zeit wahrscheinlich immer wieder umtrieb, war: Wann hat sie endlich genug?

»Du hast deinen Schlüssel gerade am Büffet liegen lassen«, rief mir Noah zu und lief mir auf dem Parkplatz nach. An diesem Wochenende fand ein Musikvideodreh statt, für den ich die Aufnahmeleitung übernommen hatte. Noah hatte den Song zum Video teilweise mitgeschrieben und stattete dem Set nun einen Besuch ab. Normalerweise vermieden wir ein solches Aufeinandertreffen erfolgreich. Denn niemand wusste von uns. Wir kannten einander offiziell, aber in der Öffentlichkeit waren wir so was wie Kollegen. Keiner ahnte, dass wir seit über einem Jahr eine Affäre miteinander hatten.

»Ah ja, danke!«, lächelte ich ihn an und wir beide standen alleine auf dem Parkplatz und guckten uns in die Augen. »Letzte Nacht war so schön«, sagte er.

»Ja, das war sie«, grinste ich vielsagend und nahm ihm den Schlüssel aus der Hand. »Ich muss jetzt schnell los zum anderen Set, wir sehen uns nächste Woche, ja?«, fragte ich, lächelte und machte mich auf zu meinem Auto.

»Ja, ich freu mich schon«, erwiderte er und ich blieb noch einmal stehen, als ich merkte, dass er noch etwas nachsetzen wollte. »Anna, ich weiß, das ist jetzt vielleicht ein bisschen merkwürdig«, grinste er verlegen.

»Was ist denn?«, fragte ich zurück.

»Na, also diese Frau. Diese Schauspielerin, die da gerade die Kassiererin gespielt hat«, fing er an, und mein Magen sendete mir ein eindeutiges Signal, dass Noah jetzt irgendetwas sagen würde, das ihn sich schmerzhaft zusammenziehen lassen würde.

»Ja? Was ist mit ihr?«, fragte ich kühl.

»Ja, also meinst du«, druckste er weiter grinsend herum. »Na ja, du und ich, wir sind ja nicht exklusiv miteinander, also meinst du, du könntest sie mal für mich nach ihrer Nummer fragen?«

Ich saß im Auto und weinte. Wie ein naives junges Mädchen kam ich mir vor und weinte. Natürlich sind wir nicht exklusiv miteinander, dachte ich. Aber wir hatten über eine ähnliche Situation einmal gesprochen und waren uns einig gewesen, dass man solche Anliegen auch diskret lösen konnte. Es war ja nicht so, als wäre ich die einzig ihm bekannte Person am Set gewesen, die er nach der Nummer hätte fragen können. Es ging ihm darum, mich wieder einmal zu testen und sein Ego mit meiner Kränkung zu füttern. Dieses Geschenk werde ich ihm nicht mehr machen, dachte ich. Es ist vorbei.

Und so weinte ich über all die kleinen und großen Verletzungen des letzten Jahres mit Noah. Und ich weinte, weil ich mich so unsagbar doll schämte. Ja, ich schämte mich. Weil ich mich so getäuscht hatte. Ich, die stolze, starke Anna hatte jemandem vertraut, der sich ausschließlich um sich selbst und seine Bedürfnisse kümmerte. Und ich weinte, weil ich schon wieder in mein altes Muster verfallen war. Wieder hatte ich mich auf den Wettkampf eingelassen, in dem ich um jeden Preis gefallen wollte. Und jemand anderem die Macht gegeben, mit meinem Selbstwertgefühl zu spielen. Ja, ich weinte, weil ich mich selbst enttäuscht hatte. Weil ich das Spiel verloren hatte. Wie jedes verfickte Mal.

Es hat gedauert, mich von Noah zu erholen, denke ich und laufe weiter über die Warschauer Brücke Richtung Kreuzberg. Ich bummle gerne in diesem Berliner Stadtteil herum, beobachte die Leute, stöbere in Secondhandläden und sauge das Leben auf.

Ja, die Wunden heilen zu lassen, die ich von dem Aufprall davongetragen hatte, hat Zeit in Anspruch genommen. Ich scheitere nicht gerne und in diesem Fall hatte ich das Gefühl, massiv gescheitert zu sein. Weil ich auf den falschen Menschen gesetzt und ihm vertraut hatte. Einen Menschen, für den du nur eine Funktion erfüllst und dem es nicht um dich geht. Es ging ihm nicht um mich und nicht um die anderen Frauen vor, während oder nach unserer Affäre. Er brauchte immer wieder neue Eroberungen, immer wieder neue Bestätigung. Neue Liebe. Egal von wem. Und er beschaffte sich all das mit unfairen Mitteln. Mit Lügen und indem er die Gutgläubigkeit der anderen ausnutzte. Weil er sich im Grunde selbst nicht liebte. Mir sind im Laufe meines Lebens immer wieder solche Menschen begegnet. Egal ob freundschaftlich oder sexuell. Manche sagen, sie gehören zur Generation Beziehungsunfähig. Manche nennen sie Seelenficker. Manche würden sie im Kern als zerrissen und verunsichert beschreiben. Manche als toxische und manipulative Egozentriker. Manche als einsam. Noah ist einer von ihnen.

Aber ich habe auch einiges gelernt. Nämlich dass ich mich meiner Vergangenheit wirklich stellen musste. Und ich war nicht mehr bereit, einem anderen Menschen die Macht über meinen Selbstwert zu geben.

10. Alles, was kein Ja ist, ist ein Nein!

»Hey, lange nicht gesehen, alles gut?«, begrüßt mich Franzi freudig, die hinter der Theke der Bloona-Bar steht und gerade ein Glas nach dem anderen im Waschbecken versenkt, als ich ein paar Stunden nach meinem Bummel frisch gestylt durch die Tür trete.

»Hallo, schön dich zu sehen. Ja, alles gut! Und bei dir? Geht's dir gut?«, antworte ich etwas abgehetzt und scanne den vorderen Gastraum der immer ein bisschen zu spärlich beleuchteten Bar nach Paula und Justus ab, die eigentlich schon da sein müssten. »Aber wir brauchen drei Schnäpse. Dringend.« Ich grinse verschwörerisch. »Es gibt wohl eine Dating-Krise.«

»Oha. Na dann, was braucht ihr denn?«, grinst sie zurück, trocknet sich die Hände ab und nimmt drei Schnapsgläser aus dem Regal.

»Ich glaub, wir fangen mit Sambuca an. Und ich nehme noch ein großes Alster.«

»Dein Damengedeck also? Kommt sofort«, grinst Franzi und sucht nach der Likörflasche.

»Geil, danke! Ich geh mal gucken, wo die anderen sind.« Ich begebe mich zielstrebig weiter nach hinten zu den Polstermöbeln, um zu gucken, ob Paula und Justus vielleicht dort sind. Sind sie. Aber scheinbar noch nicht allzu lange, denn ihre Drinks sind beide noch bis zum Rand gefüllt. Ich hab also noch nichts verpasst, denke ich und lasse mich neben Justus auf das Sofa fallen.

»Anna,«, guckt mich Paula dramatisch vom Stuhl gegenüber an, während sie sich vorbeugt und ihre Hand zur Begrüßung über den kleinen Tisch hinweg auf meine legt und dann ein paarmal klopft. Das mit dem Klopfen macht sie immer. Mein Bein, meine Schultern, meinen Po. Zwischendurch kommt immer mal ein aufmunterndes, freudiges oder mitleidiges Klopfen von ihr. Wie unter Fußballern. »Es ist so scheiße.« Sie lehnt sich wieder zurück und schimpft los: »Dieser Typ ist so scheiße. Was ist denn los mit dem?«

Ich muss schmunzeln, denn Paula ist manchmal, wenn sie sauer oder genervt von einem Typen ist, so lustig überdramatisch dabei, dass ich nicht anders kann, als kichernd mitzuspielen. Das geht natürlich nur dann, wenn uns beiden klar ist, dass das, was besagter Beschwerdefall gesagt oder getan hat, zwar richtig doof war, aber eben kein Weltuntergang ist. Die weniger dramatischen Krisen versuchen wir immer mit Humor und Selbstironie zu nehmen.

»Was ist denn passiert, mein Herz?«, frage ich also zurück und drehe mich zu Justus, um ihn zu umarmen. Dass wir den Abend heute nun zu dritt verbringen würden, war so ja eigentlich nicht geplant gewesen. Hat der scheinbare Arschlochmann, von dem wir sicher gleich hören werden, also eine gute Nebenwirkung?, denke ich und ziehe meine blöde Klemmjacke aus.

»So, ihr drei *Sex-and-the-City*-Girls, hier sind eure Schnäpse.« Franzi hält ein Tablett mit unseren Drinks drauf in der Hand.

Die ist aber schnell, denke ich anerkennend und nehme ihr mein Bierglas ab. Als wir alle unsere Kurzen in der Hand halten und uns feierlich in die Augen gucken, ist sie auch schon wieder verschwunden.

»So, bevor jetzt Paula anfängt zu erzählen«, schaltet sich Justus berechtigterweise ein, »trinken wir jetzt erst mal. Schön, dass wir uns – trotz scheinbar kleiner Katastrophe – heute hier wiedersehen, Mädels. Das macht mich sehr happy!«

»Jaaa«, freut sich Paula, für deren Laune heute Abend also noch gute Hoffnung besteht.

Und auch ich muss sagen, dass ich solche spontanen Kneipentreffen mit meinen liebsten Menschen wirklich sehr liebe. »Auf uns, auf die Liebe, auf die Freundschaft«, rufe ich deshalb aus und hebe mein Glas.

»Also, schieß los, was hat Torben jetzt wieder angestellt?«, frage ich, nachdem wir alle getrunken und die Gläser mit halb verzerrtem, halb verzücktem Gesicht wieder abgestellt haben.

»Ach, es ist vor allem, was er nicht getan hat.« Sie seufzt. »Ich meine, wir kennen uns seit drei Monaten und haben uns bisher nur zweimal gesehen. Klar schreiben wir jeden Tag, aber was soll das denn?«

Was das soll, frage ich mich als Paulas beste Freundin auch schon seit mehreren Wochen. Denn – ich sag es mal so – es ist nicht das erste Mal, dass wir uns über Torben und sein (Nicht-)Verhalten Gedanken machen. Es hatte alles irgendwie süß damit angefangen, dass sich die beiden auf einer Plattenlabelparty kennenlernten und sofort super verstanden. Und Paula, die zu dem Zeitpunkt total überarbeitet war und deshalb gar keine Männerkennenlernantennen ausgefahren hatte, freute sich anfänglich auch einfach nur über einen netten Abend, hatte aber nichts weiter im Sinn. Doch Torben meldete sich am nächsten Tag und am Tag darauf und am Tag darauf. Machte lustige Witze – was Paula sehr gefiel – und gewann damit Stück für Stück ihr Interesse und irgendwann auch ihr Herz. Denn die beiden trafen sich wieder und verbrachten einen schönen Abend mit leckerem Essen und einem Spaziergang, der mit einem schüchternen ersten Kuss auf der Parkbank endete. Fängt doch toll an, dachten wir alle. Doch nach einem zweiten Date, das nur weniger Tage später bei Paula zu Hause stattfand und bei dem er auch über Nacht bleiben durfte, ging es irgendwie nicht weiter. Na ja, es ging weiter, jedoch nur in Form von Nachrichten und einigen wenigen Telefonaten. Zu einem weiteren Treffen war es bisher nicht gekommen. Denn jedes Mal, wenn sich Paula aufs Neue überwand, um konkret nach einem Treffen zu fragen, bekam sie nur schwammige Antworten. Er sei jetzt erst mal viel beruflich unterwegs, könne nur spontan schauen. Spontan war jedoch bisher nichts passiert.

»Eigentlich wollten wir uns heute hier in Berlin treffen. Aber jetzt meinte er, er müsse doch noch arbeiten und hätte keine Zeit. Aber Leute, ich hab sein Instagram gecheckt und gesehen, dass er hier in so 'nem Luxushotel mit fettem Spa residiert.«

»Wie, du hast sein Insta gecheckt?«, fragt Justus nach. »Ihr folgt euch doch sicher, dann wäre er ja schön doof, seine Lüge quasi öffentlich zu zeigen.«

»Nee, wir folgen uns nicht. Ich weiß gar nicht, warum, aber weil wir gleich Nummern ausgetauscht hatten, waren wir nur darüber in Kontakt. Und er meinte auch mal, er sei da eh nicht so aktiv. Aber zumindest heute ist das Quatsch.«

»Puh, das ist ja scheiße.« Mir tut das alles einfach nur leid für Paula.

»Nicht nur das, das Schlimme ist, dass seine Kollegin auch dabei ist und auf dem Bild in der Insta-Story sieht das irgendwie nicht so sehr nach Arbeitsverhältnis, sondern eher nach Verhältnis aus.«

»Ach, Paula, das ist ja wirklich furchtbar!« Justus schaut ganz bedröppelt. »Aber vielleicht machen die ja nur 'ne Pause und sind wirklich mit Arbeiten beschäftigt. Ich kann das schwer einschätzen. Wir kennen diese Kollegin ja nicht. Und deinen Torben kennen wir auch nicht.«

»Ich wahrscheinlich auch nicht.« Paula schmollt. »Ich find's einfach nur kacke. Ich weiß jetzt gar nicht, woran ich bin und ob ich überreagiere oder nicht. Aber unabhängig von dieser Tante, mit der er heute offensichtlich lieber den Abend verbringt, muss ich mich ja fragen, was mir das alles überhaupt bringt, wenn wir uns nicht sehen. Ich hätte mich einfach nicht drauf einlassen oder ihn länger zappeln lassen sollen. Ich hätte einfach nicht so früh mit ihm schlafen sollen.« Paula nimmt einen großen Schluck von ihrem Moscow Mule. »Jetzt hat er alles bekommen, was er wollte, und das war's. Deshalb hat er heute auch unser Treffen abgesagt. Weil er lieber die andere flachlegen will.«

»Oh nein, sag so was nicht.« Justus verzieht sein Gesicht nun ebenfalls so dramatisch wie Paula vorhin. »Also das mit dem Länger-zappeln-Lassen. Bei dem Gedanken fühl ich mich ganz furchtbar. Ich will gar nicht darüber nachdenken.«

»Worüber?«, frage ich erstaunt. »Was hast du denn jetzt damit zu tun? Was ist denn los? Drehen jetzt alle durch?«

»Ja, irgendwie schon«, antwortet Justus. »Ich habe eigentlich versucht, ruhig zu bleiben, aber jetzt, wo Paula von diesem Torben erzählt hat, krieg ich ein ganz schlechtes Gefühl.«

»Oh nein, Justus.« Paula guckt mitleidig. »Erzähl, was ist denn los?«

»Also, ich hatte ja gestern dieses Date.« Justus setzt sich aufrecht hin und knetet aufgeregt seine Hände.

»Ja? Und?« Ich bin ganz ungeduldig.

»Ja, also er war supersweet. Ich hab ihn getindert und wir haben uns in einer Bar getroffen. Weißt du, Anna, die, wo es oben so hochgeht, mit dem kleinen Balkon oben?«, fragt er mich.

»Jaha, aber was war dann? Ich will wissen, was passiert ist!«

»Ja, also wir haben uns toll unterhalten, er arbeitet im Theater und macht da die Kostüme, und dann hat er erzählt, dass er früher auch in Musicals mitgespielt hat, und ihr wisst ja, damit hat man mich ja dann einfach. Gut aussehend und dann auch noch sensibler Künstlertyp und so. Das ist ja total meins.«

»Jaaa … und dann?« Ich freue mich ja für diesen Superfang, aber ich will jetzt endlich wissen, wo der Haken ist.

Paula kann vor Spannung nur an ihrem Strohhalm kauen und sagt ausnahmsweise mal gar nichts mehr.

»Wir haben also irgendwann wild geknutscht und als Bernd und ich dann im Taxi gesessen haben, hab ich meine berühmte moralische Taxirede gehalten.«

Justus' berühmte moralische Taxirede ist mittlerweile eine kleine Institution. Es läuft so: Justus trifft sich mit einem Date in einer Bar mit guten Drinks und die beiden lernen sich kennen. Im besten Fall finden sich die beiden so super, dass sie anfangen, miteinander rumzuknutschen. Toll, mag man da denken, wo ist das Problem? Nun, das Problem besteht darin, dass Justus eigentlich die Dating-Regel »Warte mit dem Sex mindestens bis zum dritten, wenn nicht sogar bis zum fünften Date« befolgen will. Denn er ist erzkatholisch aufgewachsen, und da lässt man sich nicht so schnell die Klamotten vom Leib reißen.

»Wie schafft man das denn, wenn beide mega Bock aufeinander haben?«, hatte ich ihn damals entgeistert gefragt, als er mir von seinem inneren Anspruch berichtete. Denn mir sind solche Regeln total egal. Wenn ich mit jemandem schlafen will, dann tu ich das auch. Vorausgesetzt natürlich, mein Gegenüber findet die Idee genauso super wie ich. Denn warum sollte ich auf etwas, auf das ich wirklich Lust habe, aus pseudostrategischen Gründen verzichten? Da schneide ich mir doch selbst ins Fleisch. Denn ganz ehrlich: Wenn jemand an mir das Interesse verliert, weil er mit mir geschlafen und mich damit »sicher im Sack« hat, dann war da auch nie echtes Interesse. Dann ist es doch besser, das früh genug herauszufinden und den Typen gegebenenfalls schnell wieder loszuwerden, als wochenlang zu warten, Gefühle zu investieren und dann auf die Schnauze zu fallen. Was soll ich mit jemandem, der nur an mir Interesse hat, wenn ich »nicht verfügbar« bin beziehungsweise das vorspiele, indem ich mich nicht melde oder ewig mit dem Sex warte? Na ja, aber da ticke ich halt anders als Justus. Auch total okay.

Schmunzelnd erzählte er mir jedenfalls davon, dass er dann auf der Taxifahrt – auf der dann geknutscht wird, bis der Erste aussteigen muss und der andere dann noch weiter bis zu seiner Wohnung fährt – eine kleine Rede hält: »Du, das war bisher ganz, ganz toll. Alles top, würde ich sagen. Aber sorry, hier wird heute nichts mehr passieren. Wir können uns supergerne wiedersehen, aber heute werden wir nicht miteinander schlafen.« Ich stelle mir immer vor, wie der Taxifahrer leicht unangenehm berührt so tut, als würde er von dieser doch recht intimen Ansprache nichts mitbekommen, und ein bisschen Mitleid für den reglementierten Mitfahrer empfindet. So weit, so gut, mag man da denken. Allerdings dauern Taxifahrten in Berlin mitunter sehr lange. Zeit, die Justus nach seinem Monolog gerne weiter wild und ungehemmt knutschend auf dem Rücksitz mit seinem süßen Date verbringt.

»Ich hab also meine Rede gehalten und er meinte auch so: »Total in Ordnung. Ich lass es auch lieber langsam angehen.« Und was soll ich euch sagen: Wir haben die ganze Restfahrt über geknutscht, und kaum waren wir bei mir zu Hause angekommen, hab ich gesagt: ›Okay, komm, wir gehen zu mir nach oben.‹ Na ja, und was dann passierte, muss ich ja wohl nicht weiter ausführen, oder?« Justus vergräbt den Kopf in seinen Händen.

»Ach, das ist doch super!« Ich freue mich für Justus und tätschle aufmunternd seinen Rücken. »Oder war der Sex nicht gut?!«

»Anna« – er guckt uns bedeutungsschwanger in die Augen, nachdem er sich wieder aufgerichtet hat –, »es war der beste Sex meines Lebens.«

»Uhhhh …«, sage ich bewundernd. »Und wo ist nun das Problem?«

Kurzes Schweigen auf allen Seiten.

»Er hat sich noch nicht gemeldet, richtig?« Paula hebt traurig ihr Glas in Richtung Justus.

»Richtig.« Justus zieht die Unterlippe nach oben, während er mit einem kleinen Kling sein Glas an Paulas stößt. »Ich hab ihm heute Nachmittag geschrieben, wie toll ich unseren Abend und unsere Nacht fand, und bisher kam gar nichts. Niente. Nada.«

»Scheiße«, sage ich.

»Ja«, sagt Justus.

»Und nun?«, fragt Paula. »Was machen wir jetzt?«

»Keine Ahnung.« Dann rufe ich Franzi zu, die gerade vorbeikommt: »Wir brauchen noch eine Runde. Dieses Mal bitte Doppelte. Es ist ernst.«

Sie nickt nur und verschwindet in Richtung Tresen.

»Ist bei dir an der Liebesfront wenigstens alles gut?« Justus guckt mich hoffnungsvoll an.

»Ja. Mit Max und mir ist es gerade richtig schön. Der ist gerade mit seinen Jungs in Dänemark in irgend so einer Hütte im Nirgendwo. Und in zwei Wochen fahren wir für ein Wochenende in so einen

Wellnesstempel und wollen mal nur zu zweit sein, darauf freu ich mich schon.«

»Ach, du kannst so froh sein, dass du diesen richtigen Dating-Struggle nicht mehr hast, Anna«, meint Justus.

»Ja, das bin ich auch. Und ich hab auch keine Lust mehr auf den Mist. Ich will es schön und leicht und unkompliziert.«

»Ja, ohne dass man sich Gedanken machen muss.« Justus nippt an seinem Drink. »Es flowed einfach und man schreibt, wenn man Bock drauf hat. Weil man sich sicher fühlt mit dem anderen.«

»Ja, aber gehört so ein bisschen miteinander spielen nicht irgendwie dazu?«, fragt Paula. »Sich nicht gleich in die Karten gucken zu lassen?«

Ich weiß, was sie meint, denke ich. Aber mir macht das keinen Spaß. Mittlerweile bin ich da wirklich sehr kompromisslos. Denn ich weiß, wie es ist, wenn es passt. Wenn es knallt, dann knallt's. Wenn man sich mag und toll findet, dann ist doch alles klar, warum dann noch »hard to get« spielen, wenn ich doch auch einfach eine schöne Zeit mit jemandem haben kann, der Lust auf mich hat?

Ist Dating eine kapitalistische Angelegenheit? Sind unsere Gefühle, unsere Körper, unser Verstand und unsere Lust der Einsatz, den wir auf den Tisch packen müssen? Heißt »schwer zu bekommen« automatisch, wertvoller zu sein? Weil wir uns künstlich verknappen, eine Limited Edition sein wollen, wie uns die Dating-Ratgeber und Magazine einbläuen? Heißt »leicht zu haben« zu sein dann wiederum, billig zu sein? Weniger wertvoll, weil man den Mut hat, jemandem seine Zuneigung zu zeigen und der andere keinen Aufwand mehr betreiben muss, um diese zu gewinnen? Wollen wir wirklich jemandem unsere Zeit, unsere Liebe und Aufmerksamkeit schenken, der das Interesse an uns verliert, sobald er uns »im Sack hat«?

»Man verliert halt sofort an Macht, wenn man zeigt, dass man jemanden toll findet«, reißt Paula mich aus meinen Gedanken.

»Ja, das kann schon sein«, gebe ich zu, »aber wollen wir in Beziehungen wirklich Machtspiele spielen? Ich will das nicht.«

»Nein, du hast recht«, sagt Justus jetzt bestimmt. »Wir wollen einfach eine Beziehung, in der sich beide toll finden und das alles keine Rolle mehr spielt!«

»Ja, und eine, in der man sich einfach der Gefühle des anderen sicher sein kann. Und sich nicht ständig fragen muss, ob der andere einen will«, schießt Paula hinterher.

»Na, dann ist doch alles klar.« Ich nehme die drei doppelten Sambuca von Franzis Tablett, das sie uns auf den Tisch stellt. »Denn du fragst dich die ganze Zeit bei Torben, ob er dich will oder nicht.«

»Und ganz ehrlich, wenn wir jemanden unbedingt sehen wollen, dann kriegen wir das auch hin«, wirft Justus in den Ring.

Ich füge entschlossen hinzu: »Alles, was kein Ja ist, ist ein Nein. Wenn er dich mag, dann weißt du es. Und wenn du dich das wirklich fragen musst, dann tut er es leider nicht. Das heißt wohl leider auch: Wenn er es nicht hinbekommt, dich zu treffen ...«,

»... bedeutet das ein klares Nein«, beendet Paula schmollend meinen Satz.

»Und das fühlt sich kacke an, ich weiß.« Ich nehme Paulas Hand.

»Ja, das tut es«, sagt sie geknickt, »aber auf der anderen Seite fühl ich mich jetzt auch irgendwie besser. Denn du hast schon recht. Er ist es dann halt einfach nicht.«

»Und das ist verdammt noch mal sein Scheißproblem«, schimpft Justus hinterher.

»Genau«, schimpfe ich mit. »Und Justus, wenn dieser Typ sich nicht meldet, ärgere dich nicht. Du musst dir einfach immer wieder in den Sinn rufen, dass dieser Mann ein wirklich schlimmes Päckchen mit sich herumtragen muss. Ich meine, wer heißt in unserem Alter bitte schön Bernd?« Ich lache und hebe mein Glas.

»Ja, also«, kichert Justus, »das ist mir auch ein Rätsel. Wie hätte ich bitte jemals seinen Namen beim Sex sagen sollen?«

»Ihr süßen Mäuse«, ich bedeute den anderen, ihr Glas zu erheben, »wenn die uns alle nicht wollen, haben die Pech gehabt, denn wir sind fabelhaft, wunderschön und nach diesem Sambuca genau richtig angetrunken, um tanzen zu gehen! Auf unseren perfekten Abend!«

»Jaaa, auf diesen perfekten Abend«, rufen diese beiden tollen Menschen mir entgegen.

Am nächsten Tag würde Paula Torben eine Nachricht schreiben, in der sie die ganze Sache beendet, und dabei würde es tatsächlich bleiben. Auch, als sich Torben daraufhin plötzlich ins Zeug legt. Sie will jemanden, mit dem es bedingungslos und auf leichte Weise einfach knallt. Und diesen Jemand würde sie nur ein paar Monate später finden.

Justus bekommt seine Antwort nur eine halbe Stunde nachdem wir angestoßen haben: Bernd ist genauso angetan von Justus und will ihn unbedingt wiedersehen. Justus würde ihm seinen Namen nun doch noch ins Ohr hauchen.

Wir drei tanzen noch die ganze Nacht, bis ich nachts um drei wieder in mein Podestbett falle. Alleine. Ich habe zwar einen jungen Mann namens Yannik kennengelernt, den ich supersüß finde und der auch wahnsinnig toll küssen kann. Aber ich bin mehr in der Stimmung dazu, alleine mein eigenes Bett zu genießen. Zu dürfen heißt ja nicht, immer zu wollen.

Bevor ich einschlafe, muss ich allerdings an einen anderen Yannik denken, den ich vor ein paar Jahren kennengelernt habe. Dieser Yannik und meine einzige Nacht mit ihm wurden zu einer wichtigen in meinem bisherigen Sexleben. Und auch, wenn daraus keine Affäre wurde, so erinnere ich mich immer sehr gerne an diese eine heiße Nacht zwischen uns.

11. Leck mich!

»Ich will, dass du mich benutzt. Ich will, dass du mit mir alles machst, was du willst. Nimm dir, was du brauchst. Nimm dir, was dich geil macht.«

Ich lernte Yannik damals über eine Dating-App kennen. Auf dem analogen Dating-Markt war mir schon länger kein spannender Mann mehr über den Weg gelaufen, da versuchte ich es einfach mal wieder online. Es dauerte nicht lange, und wir hatten ein Match. Zugeknöpft und nach BWLer sah Yannik aus. Eigentlich nicht mein Typ, aber abgesehen von dem etwas steifen Aufzug war er ein wahnsinnig schöner und attraktiver Mann Ende 20. Und wie ich schon bald erfuhr: Yannik wusste, was er wollte. Gefühlt hatte er schon alles ausprobiert, was das Sexlexikon so hergab. Fessel- und Sadomaso-Praktiken, Sex, bei dem er mit einem Strap-on (also einem Umschnalldildo) in den Po gebumst wurde oder Natursektspiele. Ja, richtig, das ist die Nummer mit dem Anpinkeln. Yannik mochte es zudem, die Rollen zu tauschen und mal dominant zu sein, seine Gespielin zu verführen oder ihr den Hintern zu versohlen, und sich andersherum genaue Anweisungen geben zu lassen, was er tun und lassen sollte. Macht- und Lustspiele und Erniedrigungen konnten Yannik ziemlich anturnen.

Im Vorfeld erzählte er mir beispielsweise, dass er mal eine Frau getroffen hatte, die ihm befahl, sich auf den Boden zu legen, während sie sich über ihn hockte und ihm erst in den Mund und dann auf den ganzen nackten Körper pinkelte. Ich weiß nicht genau, warum, aber mein erster Gedanke war: Wie geht es danach weiter? Kuschelt man noch? Wer macht das Ganze wieder sauber? Ist das nicht komisch, wenn nach so viel Lust abrupt die Realität Einzug erhält? Was sagt man dann? »Toll war das, vielen Dank. Wo ist denn der Wischmopp?«

Ich war neugierig. Fühlte mich von ihm angezogen. Denn natürlich habe ich selbst schon viele aufregende Erlebnisse genossen, aber fast immer mit Männern, die weniger erfahren waren als ich selbst. Und die Erotik bestand oft genau darin. Ihnen zu zeigen, wie sich freie Lust und Genuss im Bett oder hinter der nächsten Häuserecke anfühlen konnten. Dass mir mal wieder jemand etwas gezeigt hatte, das meinen Horizont erweiterte, war allerdings schon eine Weile her.

Als Yannik die Bar betrat, saß ich auf einem kleinen edlen Sofa in einer dunklen Ecke ganz hinten und zupfte mein schwarzes Kleid so zurecht, dass es den Rand meiner halterlosen Strümpfe verdeckte. Ein Höschen trug ich nicht. Unser Spiel sollte gleich mit dem ersten Moment beginnen. Ich konnte Yannik beobachten, bevor er mich sah. Er trug tatsächlich einen Anzug und sah genauso adrett und etwas zu geleckt aus wie auf den Fotos. Die Haare saßen perfekt. Er sah aus, als würde er an jeder Stelle seines Körpers nach Seife riechen. Yannik war groß, blond und hatte – wie sich später herausstellen sollte – so schöne Hände, dass er als Handmodel hätte arbeiten können.

Yanniks Blicke hatten mich gefunden. Während wir uns vielsagend anlächelten, kam er langsam auf mich und das Sofa zu und ver-

schwand für die anderen Gäste der Bar im Schatten des Schummer-
lichts, das kaum bis zu uns reichte.

»Hi«, sagte er, als er neben mir saß, und sah mir dabei fest in die
Augen.

»Hi.« Ich hielt seinem Blick stand. Wir hatten uns nie zuvor gesehen und bisher nur zwei echte Worte gewechselt, doch die Spannung
zwischen uns war zum Zerschneiden. Das Gespräch, das wir während
eines Glases Weißwein führten, war nebensächlich. Das Einzige, an
das ich mich bis heute erinnere, ist, wie er mir davon erzählte, dass er
in Thailand herausgefunden hatte, doch eher der Luxusurlauber statt
Rucksacktourist zu sein. Es ärgerte ihn nämlich sehr, dass das WLAN
im VIP-Bus, der ihn und seinen Freund durch Thailands Walachei
fahren sollte, nicht funktionierte.

»What the fuck?!«, hätte ich ihm fast an den Kopf geworfen. »Kannst
du verdammt noch mal aus dem Fenster gucken und die Natur und das
Land genießen, anstatt in dein Scheißhandy zu gucken?« Aber dann fiel
mir ein, dass wir generell eh wenig gemeinsam hatten und es mir auch
gar nicht wichtig war, diese Frage mit ihm zu diskutieren. Ich wollte
mit ihm diesen einen Abend verbringen. Nicht mehr und nicht weniger. Es war egal, wie er seine Urlaube gerne verbrachte.

Das, was hinter den belanglosen Worten zwischen uns passierte,
war viel wichtiger. Sein geschultes Auge hatte entdeckt, dass ich Strap-
se trug, und er musterte mich seitdem immer eindringlicher, während
wir weiterredeten. Mich erregten seine Blicke. Und mich erregte, dass
Yannik so höflich und streng und wahnsinnig sexy neben mir saß und
sich zurückhielt, obwohl ich ahnte, was in seinem Kopf vor sich ging.

»Ich will, dass du mich benutzt. Ich will, dass du mit mir alles machst,
was du willst. Nimm dir, was du brauchst. Nimm dir, was dich geil

macht«, hatte er mir an diesem Morgen noch per SMS geschickt, und seitdem kreisten meine Gedanken darum, was heute Nacht passieren würde.

Den ganzen Tag über war ich nervös und aufgeregt gewesen. Es war anders als die Aufregung, die ich zuvor bei Männern empfunden hatte. Ich war nicht unangenehm aufgeregt, aber ich spürte die Herausforderung, die vor mir lag.

Denn in seiner Nachricht ging es nicht nur darum, dass ich keine Scheu davor haben sollte, ihm zu sagen oder zu zeigen, was mir im Bett gefiel. Nein, ich sollte die komplette Regie übernehmen. Nach meinen Regeln, nach meiner Vorstellung, nach meiner Fantasie, meiner Lust. Und ich wusste, dass ich von ihm alles verlangen könnte. Dieser Mann würde mir wahrscheinlich jeden sexuellen Wunsch erfüllen. Weil ihn genau das anmachte. Willenlos zu sein und meine Befehle in Empfang zu nehmen und damit jedwede Kontrolle abzugeben. Genau darum ging es. Um Kontrolle.

Natürlich hatte ich meinen Liebhabern schon oft gesagt, was ich mir wünschte. Ich hatte aber nie aktiv die dominante Rolle übernommen, die ganz allein entschied und befahl, was als Nächstes passieren sollte. Die ihrem Gespielen sagte, was er machen sollte. Und wie er es machen sollte. Und was passierte, wenn er es nicht tat.

»Ich will dich«, flüsterte Yannik mir ins Ohr, als wir eine halbe Stunde später in seinem dunklen Wohnungsflur angekommen sind, der nur durch das Laternenlicht von draußen etwas beleuchtet wurde.
»Ich weiß«, hauchte ich zurück. »Du musst aber noch warten. Ich habe das Sagen. Und ich sage dir: Bleib hier stehen und zieh dich aus. Komplett.«

Mit diesen Worten entzog ich mich seiner Nähe. Ich ließ meine Jacke auf den Boden fallen und ging den Flur entlang. Hinter der letzten Tür am Ende des Gangs fand ich Yanniks Schlafzimmer. Mitten im Raum stand ein großes, perfekt gemachtes Bett mit weißer Bettwäsche. Natürlich, dachte ich, auch hier ist alles makellos. Zum Bett ausgerichtet stand ein grauer Sessel in einer der Zimmerecken. Neben dem Bett lehnte ein riesengroßer antiker Spiegel an der Wand. Ich musste schmunzeln. Dieser Spiegel stand hier nicht aus Zufall genau so. Mein Blick fiel auf den Nachttisch. Perfekt aufgereiht lagen dort drei verschiedene Vibratoren. Einer zum Auflegen, ein größerer und einer, den man anal einführen konnte. Der Mann kennt sich aus, dachte ich und erinnerte mich daran, was Yannik mir für diese Nacht per Nachricht mitgegeben hatte: *Lass deiner Lust einfach freien Lauf.*

Denn für Yannik bedeutete das Spiel Sex genauso wie für mich: Es gab keine Bewertung von Fantasien, Fetischen oder Spielarten. Und so schreckten mich seine Vorlieben zu keinem Zeitpunkt ab, auch wenn ich sie selbst nicht immer teilte. Wieso sollte ich sie ihm nicht zugestehen oder vielleicht abstoßend oder eklig finden? Wer bin ich, als dass ich über Lust und Grenzen anderer urteilen dürfte? Und so erzählten wir uns gegenseitig, wo unsere sexuellen Grenzen lagen, die der andere beachten musste. Ich ihm, dass mir jedwede Gewalt, egal ob körperlich oder durch Worte, überhaupt keine Lust bereiteten. Generell war Erniedrigung keine Spielart, die mir gefiel. Was nicht war, konnte ja noch werden, aber diese Grenze galt zumindest für heute Abend. Bei ihm sah es ähnlich aus. Er wollte gerne die Kontrolle abgeben, sich von mir aber weder beschimpfen und beleidigen noch schlagen lassen. Was mir sehr entgegenkam. Ich glaube, ich hätte das weder gekonnt noch gewollt. Dass wir beide nun diese Dinge voneinander wussten und bereit waren, über all das zu sprechen, schaffte einen Vertrauensvorschuss, der den nächsten Stunden zugutekommen sollte.

Ich stand jetzt vor dem Spiegel in Yanniks Zimmer und schaltete eine kleine Lampe an, die auf einem Tischchen daneben stand. Perfektes Licht, dachte ich. Warm, nicht zu hell und, noch viel wichtiger: nicht zu dunkel. Ich zog mein Kleid über den Kopf. Trug jetzt nur noch ein schwarzes Spitzennegligé, das meinen runden Po gerade so bedeckte, und schwarze halterlose Strümpfe mit Spitzenrand.

Ich schaute an meinem Körper hinunter. Und ich sah einiges, das in die gesellschaftlich anerkannte Schönheitsschablone wirklich nicht hineinpasste. Ich war 34 Jahre alt und hatte mittlerweile eine kleine Bauchrolle, die sich wirklich nicht mehr wegdiskutieren ließ. Und ich hatte schon immer Oberschenkel, die im Sommer aneinanderrieben und mir fiesen Ausschlag bescherten. Ich hatte diese eine Delle, die fast schon als Kuhle auf meiner rechten Pobacke durchgehen würde. Abgesehen von meinen wellenartigen Dellen rund um den Hüftbereich. Wenn ich ein paar Kilo mehr wog, zog außerdem das Zimt'sche Doppelkinn in mein Gesicht ein. Es legte sich wabbelig und hartnäckig unter meine Kieferknochen und blieb dort erst mal, wenn ich nicht irgendwann anfing, meine geliebten Pommes mit Mayo mal für ein paar Wochen nur ganz, ganz ausnahmsweise zu essen.

Aber da hatten wir es auch schon: Mein Leidensdruck war nicht groß genug. Warum auch? Pommes waren erstens frittierte Sonnenstrahlen, so sagten es schließlich diese komischen Sprüchepostkarten in halb coolen Nippesläden. Und zweitens war mir irgendwann aufgefallen, dass ich mit meiner Figur oft unzufrieden war, egal, wie ich aussah. Ich habe neulich ein Foto aus dem Jahr 2012 gesehen und aus heutiger Sicht würde ich sagen: »Wow, sah ich Bombe aus!« Flacher Bauch, tolle Taille, straffer Popo. Aber damals fühlte ich es nicht. Ich fand immer etwas an meinem Körper, das es zu bemängeln gab. Und genau das zeigte mir, dass ich mein subjektives Optimum eh nie erreichen würde, egal, was die Waage sagte. Egal, wie ich aussah. Dann konnte ich es ja auch gleich lassen mit dem Perfektionsanspruch.

Und irgendwie war es für mich auch ein Beweis dafür, dass Attraktivität doch viel mehr mit dem Innen zu tun hatte als mit dem Außen. Denn kompromisslos einen Menschen zu finden, mit dem ich schlafen wollte und der das auch wollte, war nie ein Problem gewesen. So uninteressant konnte ich also nicht sein. Mir wurde klar, dass meine Ausstrahlung mein wichtigstes Accessoire war. Klar, ich hatte lange schöne Haare und tolle Brüste und auch ganz spannende Augen. Wie wir alle hatte auch ich äußere Attribute, die andere und ich selbst attraktiv fanden.

Aber ich habe irgendwann angefangen, mich zu fragen, was ich selbst an Menschen schön und anziehend finde. Und das hat nichts mit Perfektion zu tun. Die Männer, die ich gedatet habe, waren alle auf sehr unterschiedliche Art und Weise gut aussehend und anziehend für mich. Manche hatten den vermeintlich perfekten Körper, aber der Penis war vielleicht nicht der größte. Andere waren vom Typ her nicht das, was ich normalerweise auf den ersten Blick attraktiv fand, aber dann war es vielleicht ihre Zielstrebigkeit oder wie witzig und lieb sie mit ihren Freunden umgingen. Ich fand sie allesamt superheiß. Wollte ihnen nahe sein, wissen, wie sie tickten, mit ihnen schlafen. Weil sie irgendetwas an sich hatten, das ich anziehend fand. Und das war vor allem ihre Ausstrahlung und ihre Wirkung auf mich.

Mit einem Ex-Liebhaber hatte ich mich bei unserem Kennenlernen auf einer Party sehr gut unterhalten und plötzlich schaute er mir tief in die Augen und küsste mich einfach. Und er küsste gut. Wahnsinnig gut. »Sorry, ich musste das jetzt tun. Du bist einfach so toll!«, hatte er danach zu mir gesagt. Mir imponierte seine Selbstsicherheit. Und ich fühlte mich dazu sehr begehrt. Er fand mich toll, obwohl mein Hintern Dellen hatte und obwohl mein Bauch Wellen schlug und obwohl ich beim Küssen wahrscheinlich ein Doppelkinn hatte. Und in Situationen wie diesen fiel für mich jedes Mal ein Groschen, bis ich es tatsächlich verstanden hatte. Unser Verhalten, unsere Ausstrahlung und unsere Art, uns zu bewegen, zu sprechen, zu flirten, mit anderen umzugehen, war ein wichtiger Schlüssel für Attraktivität. Und auch das, was wir sagten, wofür wir standen und wer wir als Gesamtpaket waren, das machte meist sehr viel mehr Eindruck auf unser Gegenüber als vier Kilo weniger auf der Waage.

Meine Sexualität war und ist für mich vor allem dafür da, mich fallen zu lassen, Spaß zu haben, mich zu spüren, mich zu entdecken, nicht denken zu müssen, mich entspannen zu können. Und für all das ist körperliche Unsicherheit wirklich ein riesiger Störfaktor. Und für diese paar Makel ist mir meine Lust zu schade. Ich könnte darüber nachdenken, wie ich das Licht im Schlafzimmer doch noch ausschalten kann, oder ich lasse die gierigen Blicke des Mannes, mit dem ich schlafe, einfach zu und genieße sie, anstatt mich selbst runterzumachen. Angst und Scham zu haben ist okay. Aber ich möchte mir nicht mein Leben davon diktieren lassen. Dafür ist es zu kurz und Sex einfach zu gut.

Lass das Spiel beginnen, dachte ich also und ging zwei Schritte zurück in den Flur. Am anderen Ende stand er, nackt, und wartete auf meine Anweisungen.

»Komm her«, sagte ich liebevoll, ging zurück in sein Zimmer und setzte mich auf den großen, weichen Samtsessel. Als er reinkam und mich sah, guckte ich ihm tief in die Augen, lehnte mich weit zurück und stellte mein linkes Bein auf, sodass er mich ganz unverblümt betrachten konnte. Yannik versuchte zwar, meinem Blick standzuhalten, aber als ich sagte: »Komm her. Guck mich an, schau genau hin. Macht dich geil, was du siehst?«, wanderten seine Blicke sofort zwischen meine Beine. Ich sah, wie sich seine Pupillen weiteten und sein Schwanz langsam hart wurde.

»Ja, Anna«, entgegnete er. Er kam auf mich zu.

»Knie dich vor mich.« Meine Stimme klang weich, aber bestimmend.

Yannik kam auf mich zu, kniete sich vor den Sessel, betrachtete mich weiter, bis wir uns wieder in die Augen guckten. In unseren Blicken lag nichts als Lust. Ich richtete meinen Oberkörper etwas auf, nahm seine Hand und führte sie langsam zwischen meine Beine. Sanft schob ich zwei seiner Finger in meine feuchte Vagina. Yannik stöhnte auf.

»Küss mich«, hauchte ich, und er kam näher. Seine Lippen waren rauer, als ich dachte, aber ich mochte das. Genau wie seine Zunge, die mit der richtigen Neugierde meine umkreiste. Nicht zu forsch, nicht zu schüchtern. Seine Finger bewegten sich langsam in meiner Vagina. Als ich merkte, wie sehr wir uns in diesem Kuss verloren und kurz davor waren, einfach übereinander herzufallen, brach ich den Kuss ab. Zog seine Finger langsam aus mir raus und schob sie Yannik in den Mund.

»Schmeck ich dir?«, fragte ich und lehnte mich wieder zurück in den Sessel, sodass ich halb vor ihm lag.

»Oh Gott, ja.«

»Leck mich«, sagte ich. »Überall. Und fass dich dabei selbst an. Aber nicht zu sehr. Ich will nicht, dass du kommst.«

Yannik tat, was ich wollte, beugte sich runter und erkundete mich mit seiner Zunge. Meine Klitoris, meine Schamlippen, meinen Po, alles. Dabei umfasste er stöhnend seinen harten Schwanz und bewegte seine Hand langsam auf und ab.

»Ich will, dass du meinen Kitzler leckst. Und ich will deine Finger in mir«, forderte ich schamlos, und Yannik kam meinem Wunsch nach. Ich habe selten jemanden getroffen, der mich so gut mit dem Mund und seiner Zunge verwöhnt hat. Er wusste genau, was er tat, und das machte mich wahnsinnig heiß. Lange würde ich das nicht aushalten, ohne zu kommen – und kommen wollte ich noch nicht. Ich wollte uns beide hinhalten.

»Nicht zu schnell werden, sonst darfst du dich nicht mehr anfassen«, stöhnte ich, denn Yannik spürte genau, dass ich nach so kurzer Zeit schon kurz vor dem Höhepunkt war.

»Steh auf«, unterbrach ich seine Liebeskünste, »und leg dich aufs Bett.«

Ich nahm ein Kondom vom Nachttisch, zog es ihm über, setzte mich langsam auf ihn und schloss die Augen. Ich spürte seinen harten, großen Schwanz in mir und begann, mich zu bewegen. Mir war egal, ob er meine Bewegungen gut fand oder nicht, ich machte, was sich für mich geil anfühlte. Ich benutzte ihn, genau, wie er es wollte. Nahm keine Rücksicht, ob ihm meine Bewegungen vielleicht noch zu langsam oder vorsichtig waren. Ich schob mein Becken vor und zurück, genoss, dass meine Klitoris durch diese Bewegung besonders gut stimuliert wurde. Nahm meine Hand dazu, um sie noch mehr zu reizen. Ich wurde schneller, und als mir das nicht mehr reichte, beugte ich mich nach vorne und küsste ihn. Seine Hände wanderten über meinen Rücken bis zu meinem Po. Seine Finger begannen, mit ihm zu spielen.

»Steck sie rein«, stöhnte ich in unsere Küsse hinein. Yannik hielt inne, nahm einen seiner Finger in den Mund, machte ihn feucht und begann sein Spiel an meinem Po von Neuem. Weil ich mir im Laufe des Tages verschiedene Szenarien ausgemalt hatte, bei denen auch Analsex eine Rolle spielte, war ich entsprechend vorbereitet und konnte mich jetzt komplett fallen lassen. Unangenehme Missgeschicke musste ich also nicht fürchten, ich konnte seine Berührungen und sein Eindringen einfach genießen.

Doch nach kurzer Zeit reichte mir auch das nicht mehr. »Nimm den Vibrator«, forderte ich erneut meine Wünsche ein.

»Gerne.« Seine Augen funkelten.

Wir waren beide ganz still und beieinander, bewegten uns nicht. Ich saß auf ihm, zu ihm hinuntergebeugt, und spürte ihn in mir und jetzt ganz langsam, wie Yannik mit dem kaum hörbaren Vibrator in meinen Po eindrang. Er orientierte sich an meinem Atem. Wir waren uns nah und ließen los. Ich genoss, wie feinfühlig und behutsam Yannik mit mir umging. Auch das machte er nicht zum ersten Mal. Je tiefer er ging, desto größer wurde meine Lust. Und ganz langsam begannen wir, uns zu bewegen.

»Gott, das fühlt sich so gut an«, sagte ich. Dieses Gefühl, so ausgefüllt zu sein, steigerte sich mit jeder Bewegung ins Unermessliche. Ich fühlte so viel auf einmal, dass ich komplett die Kontrolle verlor und immer lauter wurde. Ich atmete in die Lust und konnte mich bald nicht mehr halten. Ich war so sehr im Rausch, dass mir Yanniks Stöhnen ganz weit weg vorkam, als ich meine Hand für die letzten Momente um meine Klitoris kreisen ließ. Und als ich so intensiv kam wie schon lange nicht mehr, hatte ich für einen Moment das Gefühl, mich aufzulösen.

»Wow«, sagte Yannik leise in die Stille hinein, als unser Atem langsam wieder normal wurde.

»Ja«, flüsterte ich.

Es blieb nicht das letzte »Wow« an diesem Abend. In den nächsten Stunden sollte auch Yanniks Po neue Erfahrungen mit einem Vibrator machen. Es war das erste Mal für mich, dass ich einen Mann auch anal verwöhnte. Ich fand den Perspektivenwechsel spannend. Auch mal diejenige zu sein, die eine andere Person penetrierte. Vorsichtig, auf jedes Zeichen achtend, immer die Körpersprache im Blick. Und mitzuverfolgen, wie sich mein Spiel mit ihm auf seine Lust auswirkte.

Ich weiß noch, wie ich später in meinem Auto saß und mich wie in Trance fühlte und mich fragte, ob das alles wirklich so passiert war. Dabei war es ja nicht so, als wäre ich noch nie geleckt worden oder als wäre Analsex eine komplett neue Erfahrung für mich gewesen. Mich beim ersten Mal gleich mit meiner Lust und meinen Fantasien einem anderen, quasi fremden Menschen zu öffnen und dabei auch noch in eine neue Rolle zu schlüpfen, hingegen schon. Natürlich wusste ich damals schon, wie sich Eigeninitiative anfühlte. Wie es war, einem Mann zu zeigen und zu sagen, was ich mochte. Aber mein Gegenüber in der passiven Rolle zu wissen und alleinige Bestimmerin darüber zu sein, was passierte, Verantwortung für das komplette Drehbuch zu übernehmen, war neu gewesen. Und sehr aufregend. Ich hatte das bisher nur entweder andersrum oder als gemeinsames Aushandeln gekannt.

Ach ja, diese Nacht mit Yannik damals, denke ich und kuschle mich fester in meine Berliner Podestbettdecke ein. Seitdem übernehme ich noch einmal lieber die Führung im Bett. Ich initiiere gerne ein neues Spiel oder verändere mittendrin das Drehbuch. Breche das Schema F »Vorspiel – Sex – Orgasmus« auf, indem ich neue Weichen und mittendrin vielleicht noch mal eine Pause einbaue und mit Oralsex oder anderen heißen Spielereien beginne. Oder ich mache den Vorschlag, mal den Küchentisch auszuprobieren. Ich bin mutiger geworden, ist einer meiner letzten Gedanken, bevor ich endgültig einschlafe. Und ich mag diesen Mut an mir.

12. Here's my number. So call me maybe

Als ich am nächsten Morgen aufwache, habe ich einen kleinen Kater von Paulas, Justus' und meinem Ausgehabend. Ich habe zwar gar nicht so viel getrunken und bin irgendwann auf Wasser umgestiegen, aber vielleicht war es der ganze Rauch und all die Leute, die Musik, die mir im Nachhinein einen Brummschädel bescheren. Ich pflege ja eine Hassliebe zum Kater am nächsten Morgen. Wenn es nur Übermüdung, gepaart mit einer guten Erschöpfung, nach einer durchgetanzten Nacht ist, dann liebe ich es, mir fettiges Essen zu bestellen und alleine oder mit Freunden auf dem Sofa rumzuhängen und die vorherige Nacht noch einmal durchzusprechen. Ein großer Bonuspunkt ist da auf jeden Fall, dass Paula, mit der ich wahnsinnig gerne durch Hamburgs Straßen ziehe, direkt nebenan wohnt. Ich kann dann einfach im Schlafanzug und Hausschuhen zu ihr rüber aufs Sofa krabbeln, und meist hat sie schon das perfekte Kateressen für uns bestellt.

Fies sind aber die richtig schlimmen Kater, bei denen man den Alkoholkonsum irgendwie falsch eingeschätzt oder gesteuert hat. Wenn man eben nicht irgendwann auf Wasser umgestiegen, sondern bis zur Taxifahrt nach Hause noch den Drink an der Unterlippe kleben hatte. Den letzten fiesen Kater, so erinnere ich mich, als ich mich unter die Dusche stelle, hatte ich, als ich letztes Jahr im Spätsommer für ein Event in Berlin war.

Es war Sonntagnachmittag, mir hing das Make-up von gestern noch halb unterm Auge und ich hatte den Kater meines Lebens. Ich war in einem Zustand, in dem sich jeder Mensch ins Bett wünschte. Je nach Betrunkenheitsgrad der Vornacht mit fettiger Pizza oder – wenn es ganz schlimm war – mit einer Suppenschüssel voll Brühe (ohne Nudeln oder jedwedes Gemüse) auf dem Schoß. Man schaute Serien und trank schweigend Cola oder lag alleine im Dunkeln, schaute an die Decke und seufzte ab und an schwer, ohne dass es jemand mitbekam. Denn dein einziger Zeitgenosse war dieser Kater, und mit dem wolltest du nicht sein.

Ich kam an diesem Tag leider weder in den Genuss meines Bettes noch einer geilen italienischen Köstlichkeit, nein, ich saß im Zug von Berlin nach Hamburg. Und es war voll. Natürlich, denn am Sonntagnachmittag war bekanntermaßen jeder fucking Zug in Deutschland voll. In meinem Abteil saßen wir so gequetscht, dass ich nicht einmal essen mochte, weil jede Bewegung eine Reihe an Unannehmlichkeiten des Aus-Versehen-Anstoßens ein »Oh, sorry« und darauf ein »Mhm, macht ja nichts« mit sich brachte, und ich wollte nicht kommunizieren. Mit niemandem. Nicht mal mit Blicken. Es war furchtbar.

Sogar der Flur war vollgestopft mit Menschen und Taschen und Kinderwagen. Alle saßen verschwitzt auf dem Boden, denn es war zwar September, fühlte sich aber nach Hochsommer an. Die Klimaanlage schien nicht existent, an irgendein Durchkommen war nicht zu denken, alles war einfach nur warm. Und jedes Vorhaben würde eine Kettenreaktion auslösen. Deshalb trank ich auch nichts. Denn

dann müsste ich aufs Klo und wir wissen alle, was das hieße: unge-
wollten Körper- und Geruchskontakt mit Fremden in einem Zug,
der durch das unverschämt heiße Deutschland fuhr, und das fand ich
in halb freiwilligen Situationen wie Festivals oder vor Clubtoiletten
schon furchtbar. Aber jetzt und hier, einfach nur: nein. Ich wollte
überall sein, nur nicht hier. Ein Gedanke, den ich gestern Abend auch
schon einmal gehabt hatte.

Ich war auf der Jubiläumsparty eines Berliner Onlinemagazins eingeladen gewesen. In einem bunt geschmückten Hinterhof tummelten
sich Small Talk führende junge Leute aus der Medienszene. Die einen
fanden alles wahnsinnig super, waren laut, ausladend (dafür aber auch
sehr einladend) und bunt. Die anderen wiederum schienen etwas zu
cool für Gefühle und farbige Kleidung zu sein. Die Stimmung war
noch gemäßigt. Um ehrlich zu sein, war mir todsterbenslangweilig,
aber ich war erst eine halbe Stunde da und hatte das Gefühl, dass es
irgendwie gemein wäre, schon wieder zu gehen. So was konnte ich irgendwie nicht. Vor allem nicht, weil das Buffet so liebevoll aufgebaut
war und die Gastgeberinnen sich so viel Mühe damit gaben, allen
Gästen einen schönen Abend zu bescheren. Gehen war für mich also
noch keine Option, da musste ein neuer Drink her. Ich machte mich
auf zur Bar und entdeckte einen alten Kumpel, der mittlerweile bei
einem großen Verlag arbeitete. Wir drückten uns herzlich, bestellten
eine neue Runde und verfielen in das typische Updaten von allgemeinen Befindlichkeiten, Beruflichkeiten und Beziehungsdingen. Besagter Kumpel Carlo war nämlich gefühlte Jahrzehnte durch Berliner
Frauenbetten gehüpft und hatte sich nun endlich, endlich ernsthaft
verliebt. Und die angebetete Frau anscheinend auch und sowieso sah
alles sehr nach einem Happy End aus. Super, dachte ich, endlich un-

ter der Haube, der Mann, endlich glücklich. Cheers und runter mit dem Aperol-Spritz-Dings, auf die Liebe!

Während ich wiederum erzählte, dass mit Max und mir alles super lief und ich mich auf unseren gemeinsamen Urlaub an der Atlantikküste Frankreichs freute, fiel mir ein Mann auf der anderen Seite des Kreuzberger Innenhofs ins Auge. Und gerade, als ich mich mit Carlo anfing, darüber zu unterhalten, wie ich am effektivsten mein schlechtes Französisch aufbessern konnte, kam besagter gut aussehender Typ auf uns zu und lächelte erst mich und dann meinen Freund an.

»Hey, schön dich zu sehen, Mann. Wie geht's dir?«, sagte er freundlich, und die beiden Herren klopften sich buddymäßig auf die Schultern.

»Richtig gut, Alter. Läuft alles. Und bei dir?«, kamen prompt Antwort und Gegenfrage.

»Auch alles super. Habe gestern 'nen guten Deal abgeschlossen, den muss ich heute ein bisschen feiern.«

Wilhelm bestellte uns eine neue Runde, als er sah, dass unsere Gläser fast leer waren.

»Das ist übrigens Anna«, wurde ich nun vorgestellt und der mir noch Unbekannte reichte mir strahlend die Hand. »Sie ist Autorin und lebt in einer offenen Ehe.«

Aha, dachte ich. So werde ich also ab jetzt vorgestellt. Beruf und Beziehungsstatus in einem. Dann ist meinem Gegenüber wenigstens alles klar. Ob er, sie oder ich will oder nicht.

»Und du bist?«, fragte ich und schüttelte seine Hand.

»Ich bin Wilhelm. Und natürlich weiß ich, wer du bist. Muss ja im Blick behalten, was ihr Autoren so treibt. Ich bin nämlich Agent.« Er guckt mir direkt in die Augen. »Du hast aber schon eine Agentur, wie ich gehört habe, richtig?«

»Ja, genau.« Ich stellte mein leeres Glas auf dem Tresen ab.

»Schade eigentlich«, sagte er und verteilte unsere frisch gefüllten Gläser.

Eine halbe Stunde später befand ich mich mit Wilhelm auf einem riesigen Bodensitzkissen unter einem Sonnenschirm in ein wirklich gutes Gespräch vertieft. Wir diskutierten darüber, ob der Mensch an sich monogam ist und warum Eifersucht etwas Erlerntes und kein Instinkt ist. Wilhelm fragte mich neugierig zu Max und meiner Ehe aus. Er war charmant, irgendwie süß, aber hatte durch sein etwas steifes Outfit ein bisschen was Snobistisches an sich. Ich mochte ihn. Aber ich war nicht ganz sicher, ob wir miteinander flirteten oder nicht. Wir lieferten uns kleine Wortgefechte, forderten uns heraus, und das alles mit einem süßen Schmunzeln, aber so richtig offensiv war bisher keiner von uns. Musste ja auch nicht, die Unterhaltung machte vor allem richtig viel Spaß.

Einen halben Drink und eine weitere Runde gute Gespräche später wurde ich doch ein kleines bisschen offensiver. Legte lachend meine Hand auf sein Bein, wenn er etwas Witziges sagte. Denn einen guten Humor, den hatte er trotz der leichten Etepetete-Ausstrahlung auf jeden Fall. Er spielte das Spiel mit und als er meinte, er wolle nun los, ging ich auf seine Nachfrage hin noch ein Stück mit ihm zusammen durch die Kreuzberger Sommernacht zur U-Bahn-Station.

Ich glaube, ich küss den einfach gleich, dachte ich so bei mir, während wir quatschend durch die Straßen liefen. Denn hey, wer nicht wagt, der nicht gewinnt! Und ich war nun mal heute Nacht in Berlin und wer wusste schon, ob und wann wir uns wiedersehen würden? Und außerdem hatte ich jetzt Lust zu knutschen und wollte nicht Nummern austauschen, dann wochenlang hin- und herschreiben und irgendwann beschließen, dass es entweder eine super Idee wäre, sich mal wiederzusehen, oder eben doch nicht, weil es mit der Zeit doch uninteressant werden würde.

Wir sind am Treppenabgang der U-Bahn-Station angekommen, während unser Gespräch langsam endete.

»Das war schön heute Abend mit dir«, setzte er zur Verabschiedung an und ich dachte: Ja, das war es, aber ich will eigentlich noch nicht, dass es endet. Ich würde gerne wissen, wie du küsst und ob du im Bett deine zugeknöpfte Art ablegen und über die Stränge schlagen kannst.

Aber das sagte ich nicht. Stattdessen umarmte ich ihn zum vermeintlichen Abschied und ließ danach nur halb wieder los. Und plötzlich waren wir uns sehr nah. Ich konnte den Aperol riechen, den er getrunken hatte. Wir schauten uns in die Augen und gerade als ich mich mit meinen Lippen die letzten Zentimeter auf seine zubewegte, sagte er: »Das wird nicht passieren, Anna.«

Mir wurde heiß. Und ich spürte, wie mir die glühende Hitze in den Kopf und in meine Wangen stieg. Ich wurde rot. Auch das noch, dachte ich und löste mich aus dieser peinlichen Halbumarmung.

»Oh, okay. Na gut. Alles klar«, sagte ich sehr viel aufgeräumter und cooler, als ich es mir je hätte träumen lassen. Vielleicht trug ich ein bisschen Berlin-Mitte-Hipstertum in mir. »Dann komm mal gut nach Hause,« setzte ich nach, kriegte noch irgendwie ein schräges Lächeln hin, drehte mich um und ging.

»Du auch«, hörte ich ihn noch sagen, und ich bemühte mich, ganz entspannt und locker beim Weggehen auszusehen und mir meine Schmach nicht am Gang anmerken zu lassen.

Ach du Scheiße! Ach du Scheiße! Fuck, war das peinlich. Innerlich starb ich gerade schon zum zehnten Mal bei dem Gedanken an die letzten 80 Sekunden. Ich spürte förmlich seinen Blick in meinem Rücken und versuchte, unauffällig nach meinem Handy zu greifen. Ich kann es erst rausholen, wenn ich um die Ecke bin, dachte ich, sonst merkt er, dass ich sofort jemanden anrufen muss, weil ich mich so bescheuert fühle.

Und so wählte ich die Nummer meines besten Berlin-Freundes, sobald ich außer Sichtweite war – völlig schweißgebadet von dem Kampf, nach außen möglichst unbeteiligt zu wirken.

»Rick!«, kreischte ich fast schrill in mein Telefon, als er endlich ranging.

»Was ist denn los, Anna? Bist du nicht auf dieser Party? Was ist los?«, fragte er aus dem Getümmel, in dem er sich scheinbar befand, zurück.

»Mir ist das Schlimmste der Welt passiert. Wo bist du?«, rief ich, immer noch rot im Gesicht.

20 Minuten und eine Taxifahrt später stand ich in der WG-Küche eines Arbeitskollegen von Rick, der mit einer ausschweifenden Hausparty seinen 30. Geburtstag begoss. Ich hatte drei Pfeffi getrunken und lachte und lachte.

»Ey, Anna«, prustete Rick laut heraus, »das ist auf der einen Seite wirklich mega unangenehm, ich weiß, aber ganz ehrlich, es ist auch so geil lustig!«

»Oh Mann, Rick«, lachte ich zurück, »er hat ›Das wird nicht passieren, Anna‹ gesagt, das ist so ungefähr das Gemeinste, was man in so einer Situation sagen kann.«

Und da wurde Rick kurz ein bisschen ernster, packte mich liebevoll an den Schultern und guckte mich an. »Ja, das ist es auch. Und das zeigt nur, was für ein Assi der Typ ist. Der hat deine mutigen Moves gar nicht verdient. Der soll sich mal 'ne Olle mit Perlenohrringen und Hemdblusendingsbums suchen, und du, du lässt dich davon jetzt bitte nicht verunsichern. Du bist cool und das weißt du. Und wer, wenn nicht du, kann diese Geschichte gut wegstecken?«

»Ja, kann ich auch. Danke. Aber heute brauche ich noch ein paar davon, okay?«, meinte ich und schob die Flasche Pfeffi zwischen unsere Gesichter.

»Okay, mein Herz«, sagte er, drückte mir einen Kuss auf die Schläfe, wie es sich für einen Wahlbruder gehört, und fing an, uns einzuschenken.

Und so saß ich am nächsten Nachmittag völlig verkatert im Zug und wollte einfach nur sterben. Auch wenn der Abend mit Rick auf dieser WG-Party wirklich superwitzig gewesen war. Ich muss dringend etwas essen, dachte ich und kramte in meinem Rucksack nach meinem Tomate-Mozzarella-Baguette. Und als ich gerade darüber nachdachte, dass dieses Baguette vielleicht das Schönste war, das mir an diesem Tag passieren würde, sah ich im Gang vor meinem Abteil diesen Typen auf dem Boden sitzen. Wow, dachte ich. Wie süß kann man bitte sein? Aber nein. Ich bin verkatert, ich will meine Ruhe. Heute nicht. Da kann er so süß sein, wie er will.

Und da hatte ich ein Déjà-vu. Vor einigen Jahren war ich schon einmal in einer sehr ähnlichen Situation. Gleicher Zug, gleiches überfülltes Chaos. Nur den Kater, den hatte ich nicht …

Scheiße, gerade heute ich seh aus wie 'ne Wurst, dachte ich, nachdem ich im Gang vor meinem Abteil diesen süßen Typen entdeckt hatte. Unauffällig versuchte ich, meine zerzausten Haare hinter mein Ohr zu schieben. Ich hatte morgens verschlafen und keine Zeit mehr gehabt, mich halbwegs ansehnlich zu machen. »Immer dann, wenn du nicht damit rechnest«, heißt es doch immer. Warum man dann eigentlich nicht immer damit rechnet und vorbereitet ist, um nicht in solche Situationen zu geraten, fragte ich mich, aber beschloss dann, dass aus meinem unausgeschlafenen Hirn heute kein kluger Gedanke mehr kommen würde.

Der ungefähr Anfang 20-jährige blonde Schönling, der aussah wie Leonardo di Caprio zu *Romeo-und-Julia-* beziehungsweise *Titanic-*Zeiten, guckte zu mir rüber. Ein bisschen zu neugierig, ein bisschen zu lange. Er hatte Kopfhörer auf, guckte in sein Handy und ab und an blieb sein Blick an meinem hängen. Ich saß verschwitzt auf meinem Platz und hörte einen Podcast, der mich immer ziemlich belustigte. Als sich unsere Blicke das nächste Mal trafen, musste ich gerade ziemlich grinsen, weil das, was ich hörte, so lustig war, und so lächelten wir uns sogar ein kleines bisschen an.

Wir waren ungefähr zwei Stationen vor Hamburg und ich ging einfach mal davon aus, dass er auch dort aussteigen musste. Davor kamen eigentlich nur kleinere Bahnhöfe, und was sollte so ein nach Großstadt aussehender Typ bitte auf dem Land? Ich werde ihm meine Nummer aufschreiben und, wenn wir aussteigen, zu ihm gehen und sie ihm in die Hand drücken, dachte ich. Hier im Zug kann ich ihn ja schlecht vor allen Leuten ansprechen. Ich fing an, in meinem übervollen Rucksack nach einem Zettel und Stift zu suchen. Warum habe ich nicht einfach immer einen vorbereiteten Zettel in meinem Geldbeutel?, ärgerte ich mich. Es war ja nicht so, als wäre ich noch nie in genau so einer Situation gewesen – im Zug, im Bus oder in der U-Bahn. Kam also auf meine innere Dating-To-do-Liste: Zettel mit meinem Namen und Nummer ins Portemonnaie stecken!

Jede kleinste Bewegung bedeutete einen hochroten Schweißkopf und dieses Kopfüber-Gewühle im Rucksack machte es nicht besser. Endlich hatte ich, was ich brauchte, und schrieb so, dass meine neugierige Sitznachbarin nicht alles mitbekam, auf eine Seite meines Notizbuches: *Lass uns wiedersehen, Anna.* Und meine Nummer.

Ich mochte es ja gar nicht gerne, wenn andere so was mitbekamen. Und so war ich froh, dass meine Nachbarin und scheinbar auch alle anderen im Abteil Besseres zu tun hatten, als mir über die Schulter zu gucken, wie ich Flirtzettel an fremde Männer vorbereitete. Es kostete eh schon so viel Mut, so was wirklich durchzuziehen, dann bitte nicht noch vor allen Mitreisenden.

Als ich nach oben und wieder zu ihm guckte, merkte ich, wie er seine Kopfhörer einpackte und auch die anderen um ihn herum anfingen herumzupacken.

»Meine Damen und Herren, unser nächster Halt ist Ludwigslust. Ihre nächsten Anschlusszüge sind …« Aber da hörte ich schon gar nicht mehr zu. Mir jagte es durch den Kopf: Scheiße, der will aussteigen. Jetzt. Ich geriet in Panik. Was machte ich denn jetzt? Ich musste ihm den Zettel irgendwie im Gang geben oder kurz aussteigen oder so. Keine Ahnung! Was, wenn der Zug dann ohne mich wieder losfuhr? Vorsichtshalber fing ich an, meine Schuhe anzuziehen, denn der Zug verringerte langsam, aber sicher sein Tempo. Scheiße, Scheiße, Scheiße, ich kam in den zweiten Schuh nicht rein. Jedes Mal regte ich mich darüber auf. Ich liebte diese engen Nike-Sneakers, die über meine Knöchel gingen, aber starb jedes Mal tausend Tode, bis ich drin war. So auch jetzt. Und ich schwitzte dazu. Sehr. Na, toll, so würde der mich eh nicht anrufen. Fuck.

Ein Blick in den Gang verriet mir, dass die Leute mittlerweile alle dicht an dicht standen und der süße Leo-Typ bereits an meinem Abteil vorbei war und damit kurz vor dem Ausgang stehen musste. Okay, es geht nicht anders, denke ich, ich muss da raus in den Gang und raus aus dem Zug. Jetzt hat mich das alles schon so viele Nerven gekostet, jetzt will ich auch, dass es klappt.

Ich stand auf – zur großen Verwunderung meiner Abteilkameraden, denn offensichtlich wollte ich nicht final aussteigen, denn ich machte keine Anstalten, mein Gepäck mitzunehmen. Aber jetzt aufs Klo gehen? War die fertig aussehende rothaarige Zottelfrau denn bescheuert? War sie, aber aus anderen Gründen. Ich hatte meinen Zettel, der bestimmt vom Schweiß schon ganz aufgeweicht war, in der Hand und öffnete die Schiebetür zum Gang. Prompt kassierte ich den ersten Anschiss eines Seniorenpaars, als ich mich in den Gang schob. Wenn ihr wüsstet, dachte ich, ich hab hier was sehr Emanzipatorisches vor, also bitte lasst mich durch! Ich murmelte ein leises »Tschuldigung« und reihte mich brav hinter ihnen ein.

Jetzt ist er vielleicht schon weg, befürchtete ich, denn quälend langsam begannen die Leute auszusteigen. Leo war bestimmt schon über alle sieben Berge bei den sieben Zwergen, die ihm einen eiskalten Drink servierten. Wow, ich musste mich dringend beruhigen. Aber mein Stresspuls schlug mir bis zum Hals und als ich endlich am Ausgang ankam, fiel ich zu allem Überfluss auch noch halb auf den Bahnsteig, weil es der Mensch hinter mir scheinbar auch sehr eilig hatte. Als ich aufguckte, sah ich Leo, wie er auf die Treppe Richtung Bahnhofsausgang zusteuerte. Nichts wie hin, dachte ich, lief vier schnelle Schritte zu ihm und packte ihn leicht am Arm. Er drehte sich um und lächelte. Warum auch immer, denn ich musste aussehen wie ausgekotzt. Ich drückte ihm meinen zerknüllten Zettel in die Hand, sagte: »Meld dich gerne«, grinste und drehte mich beschwingt um, um schnell in den Zug zu springen. Malte mir in Gedanken aus, wie der Zug sich schon langsam in Bewegung setzen würde, ich mit graziler Leichtigkeit in meinem Wallewallesommerkleid, das ich plötzlich trüge, auf den Zug aufspringen und zurückschauen würde. Wir würden uns schmachtend ansehen, ich den Arm zu einem letzten Gruß heben, Leo mir eine Kusshand zuwerfen. Und mit wehendem, frisch gewaschenem, nach Holunder duftendem Haar führe ich in den Sonnenuntergang, während er denken würde: Wow, was für eine Frau!

Stattdessen drehte ich mich mit Schwung um, rannte die vier Schritte zum Zug und: blieb stehen. Nichts mit Cool-in-den-Zug-Springen. Ich stand in einer Schlange. Fuck. Wie sehr musste ich mich eigentlich noch zum Horst machen? Wie Bridget Jones' Schwester wartete ich also vor der Zugtür und spürte Leos Blick in meinem Rücken. Spürte, wie er mich von oben bis unten abscannte. Ungewaschene Zottelhaare, Knitterkleid und Leggins und … oh nein, ein Fuß, der nur halb im Schuh steckte. In diesem Moment hasste ich mein scheißchaotisches Leben.

Zwölf Minuten, einen Toilettengang und eine Schweißabtupfaktion später betrat ich wieder mein Abteil und erntete verständlicherweise sehr verwirrte Blicke. Als ich mich setzte und mich langsam wieder einigermaßen entspannt fühlte, vibrierte mein Handy. *Wow, richtig coole Aktion von dir! Hab ich ja noch nie erlebt, so was. Wo fährst du denn hin und was hast du in Berlin gemacht? LG, Marvin*
Mut – egal ob von Erfolg gekrönt oder nicht – lohnt sich immer. Weil Mut noch mutiger macht. Weil wir sonst nichts erleben. Weil es mindestens eine gute Geschichte ergibt, die man seinen besten Freunden abends in der Bar erzählen kann. Weil es keinen Spaß macht zu warten, bis uns jemand anspricht. Und weil wir schon lange nicht mehr in einer Zeit leben wollen, in der Warten für Frauen schicklich ist.

Ich traue mich gerne, liebe den Adrenalinkick. Und wenn es in die Hose geht, ist das doch gar nicht so wichtig. Das stecken wir doch locker weg. Denn um uns geht's ja nicht. Wie auch? Unser Gegenüber kennt uns ja gar nicht. Also: Trauen wir uns! Denn manchmal kassiert man eine Abfuhr von irgendeinem Wilhelm. Manchmal merkt Marvin, dass er die mutige Frau zwar toll, aber die Idee einer offenen

Beziehung komisch findet. Und manchmal hat man Glück und eine vermeintliche Niederlage verwandelt sich irgendwann später in einen kleinen Glücksgriff.

So, wie es mir mit Luca passierte, denke ich frierend, aber vergnügt, während ich nun zu Rick spaziere, dessen Zuhause nur zehn Minuten Fußweg von meiner Airbnb-Wohnung entfernt liegt. Das hab ich damals schon gerne gemacht, als ich noch hier in Friedrichshain wohnte: an einem Katertag mit ihm auf seinem Sofa vor der Glotze chillen und über die neusten kleinen Dating-Katastrophen sprechen.

Als ich ankomme, ist Ricks Bruder Alex auch da. Ihn habe ich schon lange nicht mehr gesehen. Wir mümmeln uns alle drei aufs Sofa, essen Pizza und bringen uns auf den neusten Stand.

»Wie läuft's denn bei dir eigentlich gerade mit den Männern? Erzähl mal, hast du was Spannendes erlebt?«, fragt mich Alex.

»Eigentlich ganz gut. Mit Max sowieso, und dann gibt's seit ein paar Wochen diesen einen Typen, den ich date«, erzähle ich und beiße in meine Pizza.

13. Sex haben wie ein Mann

Schon auf den Treppenstufen, die zu Lucas Wohnung hinaufführten, war ich aufgeregt. Das war mir schon ewig nicht mehr so gegangen. Drei Stunden zuvor hatten wir uns in einer Bar getroffen und geredet und gelacht und manchmal ein bisschen zu lange angeschaut. Genauso wie bei unserer ersten Verabredung vor zwei Wochen. Da hatten wir allerdings vor allem nebeneinander im Kino gesessen und uns immer wieder im Schummerlicht der Leinwand angegrinst. Am Ende musste ich ein bisschen weinen, weil der Film so rührend war. Und ich fühlte mich einfach nur wohl neben diesem talentierten und sensiblen Mann. Luca war neun Jahre jünger als ich und Gitarrist und ich mochte ihn.

Ich hatte Luca bereits vor eineinhalb Jahren gemocht, als wir uns in Hamburg auf dem Reeperbahn Festival zufällig kennengelernt hatten. Ich war ein bisschen zu albern an dem Abend und er ein bisschen zu groß für mich. Beides – meine flachen Wortwitze und unser Größenunterschied – wurde später zu einem Ding zwischen uns. Wir zogen uns damit auf. Wir zogen einander an. Und in Gedanken zogen wir uns aus.

Damals, nach diesem Festivalabend, kassierte ich jedoch erst mal eine Abfuhr. Allerdings eine der nettesten meines Lebens, die ich mit den Worten »Ich freu mich für deine frische Beziehung. Viel Glück!« kommentierte und ihn ad acta legte.

Nachdem über ein Jahr vergangen war, meldete sich Luca aus dem Nichts. Und als er mir schrieb, dass er wieder Single sei, freute ich mich ein bisschen. Wir hatten uns zwar nur einmal gesehen, aber irgendwas in mir fand den Gedanken an ein Wiedersehen ziemlich gut.

Und so lagen wir beide nun nach unserem zweiten Date auf seinem Bett und hörten uns gemeinsam einen seiner neuen Songs an. Damit lösten wir den Vorwand ein, weswegen wir von der Bar zu ihm nach Hause spaziert waren. Einen Vorwand, den wir gemeinsam erfanden.

Ich war irgendwie nervös und viel vorsichtiger, als ich es normalerweise bin. Ich weiß gar nicht genau, warum, aber etwas war anders als sonst, wenn ich mich mit einem potenziellen Affärenmann traf. Wahrscheinlich, weil bei unserem ersten Date so gar nichts gelaufen war und ich gespannt war, wie es heute noch so weitergehen würde. Alles fühlte sich so unschuldig und ein bisschen nach *High School Musical* an. Aber auf die gute, aufregende Art, in der sich langsam die Finger berührten und der ganze Körper in Aufruhr geriet.

Luca war jung und unerfahren, noch nie hatte er etwas mit einer Frau gehabt, die so viele Jahre älter war als er, geschweige denn etwas, das man Affäre nennen würde. Bisher hatte er mit zwei, vielleicht drei Frauen geschlafen, und das immer im geschützten Rahmen einer festen, monogamen Beziehung.

Ich lag in seinem Arm und hörte, wie ihm das Herz bis zum Hals schlug. Mir ging es genauso. Meine Güte, dachte ich, warum bin ich denn jetzt auch aufgeregt? Als würde sein Herz meins anstecken. Wir sagten nichts, guckten verschämt kuschelnd an die Decke und hörten der Musik zu. Ich drückte mich ein wenig enger an ihn heran, schmiegte mich mit meinem Gesicht ein bisschen an Lucas Hals und atmete ihn ein. Er roch gut. Langsam drehte auch er sein Gesicht in meine Richtung und als ich dachte, dass das alles nicht langsamer gehen könnte, trafen unsere Lippen aufeinander. Zaghaft und vorsichtig fingen wir an, uns zu küssen. Es fühlte sich schön an. Und nah. Und besonders. Unsere Lippen erkundeten sich zaghaft und auch unsere Zungenspitzen berührten sich immer wieder nur ganz vorsichtig. Unsere Hände gingen ein bisschen auf Tuchfühlung. Ich streichelte über seinen Bauch, und Luca zuckte zusammen. Es wirkte so, als sei er ewig nicht mehr angefasst worden. Und auch, als hätte er lange keine fremde Haut gespürt. Er hielt mich fest im Arm, berührte mich aber kaum. Als müsste er erst mal verdauen, dass wir uns überhaupt küssten. Normalerweise habe ich das Gefühl, ich müsste die jungen Männer, mit denen ich sonst schlafe, eher versuchen in ihrem Aktionismus und Eifer ein wenig zu bändigen, weil sie sofort alles und ganz viel und doll wollen. Doch Luca war anders, das wusste ich sofort. Vielleicht fühlte ich mich deshalb so zu ihm hingezogen. Weil ich auch das spannend fand.

Minuten später taute Luca ganz langsam auf. Seine Hände wanderten an meinem Körper entlang. Vorsichtig wagten sich seine Finger unter mein T-Shirt und unsere Küsse wurden wilder. Ich war entspannt und merkte, wie auch Luca in der Situation ankam. Ich folgte einfach meiner Lust, meiner Neugierde, ihn und unser Spiel zu entdecken. Ich mochte, wie Luca mich anfasste. Er beugte sich über mich, strich mit seiner Hand von meiner Wange über meinen Hals, meine Brust und meine Taille bis runter zwischen meine Beine und begann, mich zu streicheln. Durch meine Strumpfhose spürte ich den größer werdenden Druck, den er mit seiner Handfläche aufbaute. Dabei schauten wir uns direkt in die Augen und mein Blick sagte: Ich hab Lust auf uns.

Ich zog Luca langsam zu mir heran, sodass er auf mir lag. Wir küssten uns und ich strich mit meinen Händen über seinen Rücken bis zum Po. Wir drehten uns eng umschlungen und knutschend auf die Seite, sodass ich mit meiner Hand weiter Richtung Gürtelschnalle wandern konnte. Doch gerade als ich anfangen wollte, sie zu öffnen, zog sich Luca fast ruckartig von mir zurück und setzte sich auf: »Sorry, aber ich kann noch nicht mit dir schlafen. Können wir es bitte langsam angehen lassen?«

»Was?!«, schreit Alex etwas zu laut auf und guckt seinen Bruder Rick und mich verständnislos an. »Was ist das denn für 'ne Lusche? Gerade wenn's geil wird.«

»Mann, Alex, was ist das denn für ein beschissener Spruch?«, raunze ich ihn an und ziehe Ricks Sofadecke ein Stück höher über meinen Bauch.

»Ist doch aber so, warum bumst der dich denn nicht einfach? Du wolltest es doch. Das muss ihm doch klar gewesen sein.«

»Ja«, stellt Rick fest, der sich jetzt scheinbar auch einmischen möchte, »aber er wollte scheinbar nicht mit ihr schlafen. Zumindest nicht in an diesem Abend. Wo ist denn das Problem?«

Rick hat recht. Es gab kein Problem. Zumindest für mich nicht, denke ich und trinke einen großen Schluck Katercola.

Ich selbst ticke zwar anders, ich muss es eigentlich nicht langsam angehen lassen. Wenn ich einen Mann toll finde, dann weiß ich ziemlich genau, was ich will. Und wenn ich mit ihm schlafen will und mein Gegenüber auch mit mir, dann: Warum nicht? Aber Luca wollte nicht mit mir schlafen. Zumindest in dieser Situation nicht.

Er brauchte einfach mehr Vertrauen, um sich wohlzufühlen und entspannt zu sein. Und das hat seine Zeit gebraucht.

»Ich hab kein Problem. Der Typ hat das Problem«, raunzt Ricks Bruder. Meine Güte, Alex ist manchmal wirklich engstirnig.

»Was für ein Problem hat er denn deiner Meinung nach?«, will ich wissen. »Und kannst du mal bitte nicht so bescheuert über Luca reden? Ich mag den richtig gerne und du verhältst dich gerade wie ein Arsch. Können wir einfach ganz in Ruhe über das Thema reden?«

»Ja, sorry.« Alex lenkt ein und seine Stimme klingt schon drei Stufen entspannter. »Klar, können wir. Wir können immer über alles reden, das weißt du. Aber meiner Meinung nach sollte dich das skeptisch machen. Denn wenn ein Mann Bock hat, dann hat er Bock. Und dann klappt's auch.«

»Dir ist die Latte also noch nie vor Aufregung abgeschmiert, wenn du 'ne Frau besonders toll fandst und ihr gefallen wolltest?«, hakt Rick nach. Er kennt Alex' ultimativen und voreiligen Aussagen schon und liebt es, diese langsam zu knacken.

»Na ja, kein Plan.« Alex druckst herum. »Vielleicht früher mal. Weiß ich jetzt auch nicht mehr.«

»Also mir ist das schon mal passiert«, gibt Rick entspannt zu. »Weil ich zum Beispiel zu viel getrunken hatte und es deshalb nicht mehr ging. Aber auch schon, weil ich die Frau richtig gut fand und wahrscheinlich Schiss hatte, dass was schiefgeht. Und dann kann's halt manchmal nichts werden.«

»Und du glaubst, das war sein Problem? Dass er zu aufgeregt war?«, frage ich.

»Ja, ziemlich sicher. Ich kenn das auch. Wenn man 'ne Frau richtig heiß und toll findet und sie im Bett eigentlich beeindrucken beziehungsweise alles richtig machen will, dann passiert das natürlich manchmal. Du bist dann ja voll unentspannt. Wie soll dann da unten alles stehen?«, erklärt es Rick noch mal genauer.

»Ich hab seine Aufregung schon bemerkt und hab mich am Anfang sogar ein bisschen anstecken lassen. Und ich fand's schade, dass wir es an dem Abend nicht geschafft haben, uns zusammen zu entspannen. Aber mein Gott, manchmal braucht das eben Zeit.«

»Vielleicht war er die ganze Zeit enorm unter Druck«, unterbricht mich Rick wieder. »Ich meine: Du bist Anna Zimt. Du schreibst und sprichst offen über Sex. Das weiß der ja. Er weiß, dass du mit vielen Männern geschlafen hast, und hat vielleicht Angst, mit denen nicht mithalten zu können. Natürlich ist das Quatsch, aber er denkt sicher, dass du 'ne gewisse Erwartungshaltung hast.«

»Ja, das hat er in unserem Gespräch danach auch kurz gemeint. Dass er das Gefühl habe, ich hätte bestimmte Erwartungen, und dass er Angst habe, dass ich den Sex nicht gut genug finden könnte.«

»Ich raff den Typen nicht«, meldet sich jetzt wieder Alex zu Wort. »Es sind doch normalerweise die Frauen, die sich so zieren und aus Sex so ein Riesending machen. Was ist denn los mit dem? Anna Zimt hin oder her. Ich meine, es ist doch klar, dass ihr euch nur zum Bumsen trefft. Dann soll er dich auch bumsen. Was soll das denn sonst?«

Ich seufze: »Er wollte aber an diesem Abend nicht mit mir schlafen. Und das muss man doch respektieren. Auch wenn er grundsätzlich schon Lust auf Sex mit mir hatte. Und klar, es wird nicht mehr als eine Affäre aus uns werden, aber deshalb kann man doch trotzdem feinfühlig miteinander umgehen.«

»Aber ich denke, das Problem war, dass er keinen hochbekommen hat. Unabhängig davon, was ihr da sonst miteinander habt oder nicht habt«, meint Alex.

»Ich hab keine Ahnung, ob es tatsächlich die Aufregung war und er keinen hochbekommen und es deshalb abgebrochen hat. Oder ob er einfach noch warten wollte. Wahrscheinlich war es beides«, erwidere ich.

»Er hätte einfach cool bleiben und einfach machen sollen. Einfach selbstbewusst und männlich sein«, tönt Alex.

»Nein, hätte er nicht. Zum einen: Wer sagt bitte, dass Selbstbewusstsein im Bett etwas Männliches ist? Und zum anderen ist es doch gut, dass er seinem Gefühl nachgegangen ist. Denn es ist doch eigentlich total schade, dass wir alle oft das Gefühl haben, immer cool bleiben zu müssen und nicht über unsere Unsicherheiten sprechen zu können.«

Alex verdreht die Augen.

»Alter Alex, komm mal klar«, platzt es jetzt aus Rick heraus. »Was ist denn das für 'ne Macho-Scheiße von dir? Als hättest du selbst keine Gefühle. Du bist doch der Erste, der bei *Der König der Löwen* heult. Und wer konnte fast ein Jahr lang mit keiner anderen Frau schlafen, weil er noch so sehr an seiner Ex hing?«, schmiert er Alex aufs Brot. Jetzt hat er ihn.

»Jaha.« Alex ist nun etwas kleinlaut. »Das stimmt schon. Mir ging's echt mies. Und es war ja nicht so, als wären da keine heißen Frauen gewesen. Aber ich wollte halt nicht.«

»Ich dachte, echte Männer wollen immer ficken?«, grinse ich ihn an.

»Ist ja schon gut, Leute. Ich hab's gerafft. Es gibt auch Ausnahmen.« Alex lenkt ein und nimmt sich noch ein Stück Pizza. Und damit ist unsere hitzige Diskussion vorerst beendet.

Doch in Gedanken bin ich noch bei diesem Abend mit Luca. Früher hätte mich so eine Situation wahrscheinlich ziemlich verunsichert. Ich hätte mich vielleicht nicht begehrt genug gefühlt, obwohl das natürlich Unsinn ist. Im Falle von Luca wusste ich, dass er auf mich stand. Aber selbst wenn nicht. Selbst, wenn er nicht heiß auf mich gewesen wäre, wo wäre das Problem gewesen? Nicht jeder Mann steht auf mich. Und ich nicht auf jeden Mann. Das liegt in der Natur der Sache und ist in Einzelfällen sicher mal schade, aber muss man doch wirklich nicht persönlich nehmen.

Gerade Frauen kennen es oft nicht, dass Männer sich Zeit lassen wollen, Vertrauen und Sicherheit brauchen. Zögern. Aber das ist ihr Problem und nicht das des anderen. Denn Sex ist ein gemeinsames Aushandeln von Fantasien, Bedürfnissen, Grenzen. Und nur, weil ich eine Frau bin, die zeigt, was sie im Bett mag, und weiß, was sie will, muss ich trotzdem das Tempo des anderen wahren. Denn es geht nicht darum, immer als »starke Frau« voranzupreschen, sich durchzusetzen und nur laute Ansagen zu machen. Das dürfen wir. Wir dürfen aber auch liebevoll und sensibel sein. Wir dürfen alles sein. Wir dürfen alle alles sein. Wild, laut, versaut, leise, verträumt und zärtlich. Wir dürfen Pauken und Trompeten sein und alle leisen Zwischentöne. Wir dürfen den Sex haben, den wir wollen. Blümchensex, Bondage oder Gruppensex. Aber mit unserer Geschlechterrolle sollte er nichts mehr zu tun haben. Und das ist oft gar nicht so einfach. Obwohl wir doch eigentlich wissen, dass wir alle viele Facetten in uns tragen. Bei dem einen kommt eine bestimmte mehr zum Vorschein, der anderen ist eine andere Spielart näher.

Und trotzdem können wir von unserem Schubladendenken oft nicht ganz loslassen. Jungs tragen Blau, Mädchen Rosa. Frau ist devot, Mann ist dominant. Wir Frauen sind immer gefühlvoll und verlieben uns sofort in einen Mann, wenn wir mit ihm schlafen. Männer können Sex und Liebe perfekt trennen. Frauen dürfen nicht zu viele Männer gehabt haben, sonst gelten sie als Schlampe, Männer hingegen sind die großen Stecher. Alter Hut, denken wir da. Müssen wir uns darüber wirklich noch Gedanken machen? Leider schon, beziehungsweise wir dürfen das getrost einfach sein lassen. Uns darüber Gedanken machen, was irgendjemand moralisch oder gesellschaftlich oder geschlechterrollentechnisch darf oder nicht darf.

»Willst du noch Pizza, Anna, oder musst du gleich wieder los?«, holt mich Rick ins Hier und Jetzt zurück und hält mir den Teller hin.

»Nee, danke. Eine Folge *How I Met Your Mother* bleibe ich noch, und dann muss ich los. Paula bleibt spontan noch eine Nacht in Berlin und pennt bei mir. Dann können wir auch morgen zusammen wieder nach Hamburg fahren.«

»Freust du dich schon wieder auf zu Hause?«, fragt Alex.

»Ja, schon. Am Sonntagabend ist ja immer Max' und mein Pärchenabend und er hat bestimmt genauso viel von seinem Jungswochenende zu erzählen wie ich von meinen Berlin-Tagen.«

»Aber heute Abend machen wir noch mal einen drauf. Später in der Bloona, oder? Bleibt's dabei?« Rick hält schon die Fernbedienung bereit.

»Jep, es bleibt dabei!«, antworte ich und freue mich auf meinen letzten Berlin-Abend.

14. Bin ich gekommen, um zu bleiben?

»Wie läuft's eigentlich mit Luca?« Paula kommt mit Eis und zwei Suppenlöffeln bewaffnet ins Schlafzimmer und klettert auf das Podestbett.

»Mmh, ja, ganz gut so weit, würde ich sagen. Ziemlich entspannt und unkompliziert. Wir haben uns jetzt ein paar Wochen nicht gesehen, weil wir beide viel zu tun hatten.« Ich nehme Paula einen der Löffel aus der Hand.

»Aber ihr wollt euch weiterhin sehen?«

»Ja, das schon. Aber halt mal gucken, wann. Ich fahr ja mit Max noch weg und er ist, glaube ich, auch noch irgendwo unterwegs.«

»Verknallt bist du aber nicht, oder?« Paula schiebt sich den ersten Löffel Ben-&-Jerry's-Eis in den Mund.

»Nee. Also ich mag ihn richtig gerne. Wir haben wirklich tolle Abende, wenn wir uns sehen. Und nach den kleinen anfänglichen Verunsicherungen auch wirklich entspannten Sex miteinander. Aber verknallt bin ich nicht.«

»Ach, das klingt schön. Unaufgeregt und entspannt, oder?«, fragt sie nach.

»Ja. Ich mag es so entspannt gerade wirklich gerne. So 'ne Noah-Geschichte bräuchte ich zum Beispiel unter keinen Umständen noch mal. Überleg mal, wie oft ich mich am Ende über den geärgert hab. Und wofür? Um mich danach bescheuert zu fühlen.« Ich lege mich unter die Decke.

»Ja, so wie ich mich jetzt nach diesem Torben-Ding. Ich bin so frustriert, Anna.« Paula tut es mir nach, und so liegen wir beiden Freundinnen eingekuschelt im Bett.

»Ja, das wäre ich auch. Du hast aber im letzten Jahr wirklich krass Pech gehabt mit den Männern.«

»Krass Pech? Sind wir ehrlich, das war eine Vollkatastrophe. Torben und davor dieser Vollhorst Peer, der noch drei andere Frauen nebenbei hatte. Wie soll ich denn da jemals wieder einem Mann vertrauen?« Ein weiterer Löffel Eis landet in Paulas Mund.

»Na ja, wenn du irgendwann eine Beziehung haben willst, musst du das Risiko, verletzt zu werden, wohl oder übel irgendwann eingehen.« Ich tue es ihr nach und kaue auf einem Schokoladenstück herum.

»Ja, ich weiß. Aber ich hätte so viel zu verlieren, ich weiß nicht, ob ich das schaffen würde.«

»Was hättest du denn zu verlieren?«

»Mein Herz?« Sie guckt mich traurig an.

»Ja, ich versteh, was du meinst. Und du wärst sicher wieder enttäuscht und traurig und dir würde es auch eine Zeit lang richtig kacke gehen. Aber du darfst nicht vergessen, dass du Menschen in deinem Leben hast, die immer und bedingungslos für dich da sind.« Ich lehne meinen Kopf an Paulas Schulter und denke nach.

Ich muss an Max denken, der in jeder Lebenssituation für mich da war. Und an Paula, die schon alles stehen und liegen lassen hat, nur um für mich da zu sein. Ging es mir mal nicht gut oder fühlte ich mich mal nicht so stark und selbstbewusst in meinem Leben, hatte ich Menschen, die mich liebten und die mich an meine Stärke erinnerten.

Ich hatte meine Familie, meine Freunde, die Dinge, die ich gerne tat, meinen Beruf und ich hatte mich selbst. All das ist und war immer da.

»Guck mal, Paula. Wir, deine Freunde, wir sind immer da. Vor und nach so einem Peer oder Torben.«

»Ja, du hast recht. Das ist eigentlich ein schöner Gedanke. Ich hab die Sicherheit. Ich bin nicht alleine. Wir sind alle nicht alleine. Wir haben ja uns.«

»Genau. Wir haben uns. Und wenn wir mal auf jemanden reinfallen, der doch nicht vertrauenswürdig ist, dann ist das zwar scheiße, aber kein Weltuntergang.«

Ich muss kurz noch mal an meine Schlappe mit Noah denken. Am Anfang fiel es mir noch schwer zu akzeptieren, dass es überhaupt etwas zu überwinden oder zu verarbeiten gab. Doch im Nachhinein würde ich sagen, dass ich durch diese Geschichte viel gelernt habe. Dass diese kleine, fiese Selbstzweifelstimme mich anlog, zum Beispiel. Und dass es dieses eine Muster gab, das mir immer mal wieder auf die Füße zu fallen schien. Denn mir wurde klar, dass Noah nicht der erste Mensch war, der seine Spuren hinterließ.

Und so verfolgte ich die Spuren zurück und musste feststellen, dass mir im Laufe meines Lebens immer wieder Menschen begegnet waren, die mein tiefes Vertrauen nicht verdient hatten.

So wie Suse und Jonah zum Beispiel. Denn Jahre später fand ich durch Zufall und einen Nebensatz heraus, dass nicht nur ich in diesem einen schönen Sommer in Göttingen an nächtlichen Häuserwänden mit Jonah geknutscht hatte, sondern auch meine damals beste Freundin Suse.

Menschen wie Suse, Jonah oder Noah lösten bei mir anfänglich eine Faszination aus. Und dabei war es egal, ob Mann oder Frau, ob sexuell oder freundschaftlich. Diese Menschen waren witzig, schön, kreativ, wirkten leicht und verspielt. Mit ihnen zusammen zu sein, bedeutete Spaß. Und es bedeutete, dass ich mich gebraucht fühlte. Weil sie jemanden brauchten. Weil sie gebrochen waren. Eigentlich sehr bedürftige Menschen, die in sich selbst verstrickt waren und es liebten, wie gut ich ihnen zuhören konnte. Sie sortierte. Für sie reflektierte.

Sie liebten es, wie sehr ich für sie da war. Für sie Verantwortung übernahm. Denn etwas in mir brauchte das Gefühl, gebraucht zu werden. Ich zog daraus einen Teil meines Selbstwerts.

»Beziehungsweise«, unterbricht Paula meine Gedanken mit vollem Eismund, »vielleicht geht's gar nicht darum, was ich zu verlieren hätte, sondern was es zu gewinnen gäbe. Und darum, nicht zu übervorsichtig zu sein.«

Und da kommt mir ein wichtiger Gedanke. Wir können übervorsichtig sein und alles Gesagte und Getane nach Hinweisen abscannen, ob unser Gegenüber wirklich vertrauenswürdig ist oder nicht. Nach Indizien suchen, ob das, was wir sehen und hören, wirklich echt ist. Ob der andere wirklich ehrlich mit uns umgeht. Aber jemand, der darauf aus ist, sein eigenes Ego zu nähren – und das auf unehrliche und manipulative Weise –, der kennt das Spiel ganz genau. Der hat es erfunden. Kennt alle Täuschungsmanöver. Alle Tricks. Wir können es am Ende also einfach nicht wissen. Es bleibt zumindest so lange, bis der erste Tiefschlag kommt, eine Unbekannte. Wir können es nur ausprobieren. Unsere Deckung aufgeben. Uns einlassen und an das Gute glauben. Das Risiko in Kauf nehmen.

Und wenn dieser Tiefschlag kommt, dann müssen wir gehen. Verstehen, mit wem wir es zu tun haben, und gehen. Auch wenn wir merken, dass wir noch weiter am Guten festhalten wollen, bereit wären, weitere Tiefschläge in Kauf zu nehmen.

Wenn dieser Tiefschlag aber nicht kommt, sondern stattdessen die Chance besteht, dass da zwischen zwei oder wie vielen Menschen auch immer etwas ganz Besonderes wachsen kann, etwas Liebevolles, Schönes und Verantwortungsvolles, dann haben wir gewonnen. Dann werden wir für unsere Risikofreude belohnt und haben die Chance, etwas Echtes zu erfahren. Freundschaft zum Beispiel. Oder die Liebe.

Mein Leben hat mir gezeigt, dass ich stärker bin, als ich es oft denke. Ich konnte mich nach Suse und nach Noah wieder aufrappeln. Doch mein Muster – meinen Selbstwert aus der Bestätigung durch unsichere und ambivalente Beziehungen zu ziehen –, das verschwindet nicht, indem ich mir einen neuen Noah suche, in der Hoffnung, dieses eine Mal keine neue Enttäuschung zu erleben. Das wird nicht funktionieren. Habe ich immer mal wieder versucht und ich kann dazu nur sagen: Lass das. Das ist nichts. Da gibt es nichts zu holen.

»Weißt du«, sage ich zu Paula, »manchmal muss man sich von Menschen verabschieden, die einem nicht guttun. Und manchmal muss man Menschen in das eigene Leben und Herz lassen, damit man sich noch besser fühlt. Und das nächste Mal, wenn uns ein Mensch begegnet, der für dich oder mich wichtig werden könnte, dann werden wir es einfach wagen.«

»Weil wir können.«

»Und weil wir wollen.«

15. Wie stark darf frau sein?

»Scheiße, ich komme zu spät. Pauli, bis später in der Bloona!«, rufe ich noch, nehme meinen schwarzen Kapuzenmantel, meinen kleinen Ausgehrucksack und laufe aus meiner Airbnb-Wohnung das Treppenhaus hinunter durch den Grasgeruch und atme die kühle Berliner Luft ein. Der letzte Abend meiner kleinen Berlin-Tour ist angebrochen, da will ich jede Minute auskosten.

Für diesen Ausgehabend habe ich mir besonders viel Mühe gegeben. Ich habe mir meine sonst wild gelockten roten langen Haare halbwegs ordentlich eingedreht, mir mein kleines schwarzes Wickelkleid mit dem tiefen Ausschnitt angezogen und meinen roten Lieblingslippenstift aufgetragen. Habe ich auch an alles gedacht?, schießt es mir durch den Kopf, als ich in Richtung Boxhagener Platz laufe. Ich hab nämlich gerne Dinge wie Lippenstift, Puder, Kaugummis, Handyladekabel, Kondome und meine zusammenklappbare Reisezahnbürste dabei. Was ich mir seit dem Flirtdebakel im überfüllten Zug vorgenommen habe und dann doch manches Mal vergesse, ist ein Zettel mit meinem Namen und meiner Telefonnummer drauf.

»Sorry, sorry«, rufe ich Jonah von Weitem zu und strecke grinsend die Arme aus, um meinem alten Freund in die Arme zu fallen.

»Macht doch nichts, ich bin auch gerade erst gekommen.« Jonah zieht mich fest an sich. Wir lösen uns halb aus unserer innigen Umarmung und gucken uns an.

»Schön, dich zu sehen, Joni.« Ich strahle übers ganze Gesicht. Jonah grinst breit zurück. »Gut siehst du aus. Wie immer.«

Als wir uns kurze Zeit später gegenübersitzen und schnell unsere Drinks und Sushi bestellt haben – Weißwein und eine große Platte für zwei –, komme ich dazu, Jonah richtig zu mustern. Bis auf ein paar Fältchen um die Augen sieht er immer noch so aus wie früher.

»Du hast dich kaum verändert«, sagt Jonah, und ich muss lachen.

»Ich hab gerade genau das Gleiche gedacht.«

Was sich geändert hat, sind unsere Jobs, unser Alltag, unser sonstiges Leben. Jonah ist mittlerweile auch verheiratet und sie probieren gerade, schwanger zu werden, suchen ein Haus im Grünen für die hoffentlich zukünftige kleine Familie. Jonah hat meine berufliche Veränderung seit Berlin teilweise über meine Social-Media-Kanäle mitverfolgt und hört gespannt zu, als ich ihm erzähle, wie es mir so ergangen ist. Und auch, als ich von Max und mir und darüber spreche, wie glücklich wir miteinander sind. Für Jonah sind Max und ich ein echtes Beziehungswunder. Und jedes Mal, wenn mir jemand die Bewunderung über unsere Beziehung ausspricht, spüre ich eine große Dankbarkeit für das, was wir miteinander haben. Und auch ein kleines bisschen Stolz.

Obwohl Jonah und ich uns so lange nicht gesehen haben, ist alles fast so wie immer. Wir lachen über die gleiche bescheuerte Situationskomik, vertrauen uns neben all den schönen Dingen, die in den letzten Jahren passiert sind, auch die Krisen, die ungemütlichen Zeiten an.

Dass Jonah und ich nach dieser Enttäuschung mit Suse heute so entspannt miteinander sein können, hat mehrere Gründe. Einer ist sicher, dass die ganze Geschichte inzwischen Jahre her ist. Und ein weiterer, dass sich Jonah im Gegensatz zu Suse im Laufe dieser Jahre immer wieder um unsere Freundschaft bemüht hat. Und er hat sich natürlich auch für sein unehrliches und gemeines Verhalten entschuldigt. Ich habe ihm im Laufe der Zeit verziehen, aber ich habe nicht vergessen. Ich konnte ihm nie wieder das Vertrauen schenken, das ihm schon einmal sicher gewesen war, sondern hielt eine Freundschaft aufrecht, die mir guttat, aber nicht mehr wehtun konnte.

Ich erzähle Jonah von meinem Treffen mit Justus zwei Tage zuvor und dass ich ihm die »Klitoris-Geschichte« erzählt habe.

Jonah lacht laut auf. »Ja, das war was damals. Und ganz im Ernst: Es war auf keinen Fall die charmanteste Art, aber wenigstens wusste ich danach, wie der Hase läuft.«

»Ey, Joni, als ich die Story erzählt hab, ist mir noch mal aufgegangen, wie daneben das eigentlich war. Entschuldige bitte noch mal.«

»Ach Quatsch, Unsinn. Musst du nicht. Wie gesagt, am Ende war es ja für etwas gut.«

»Na gut.« Ich trinke einen großen Schluck Wein.

»Aber weißt du was, Anna?«, fragt er mich.

»Was denn?«, will ich wissen.

»Ich glaube, jetzt, so viele Jahre später, würde ich mich nicht mehr trauen, mit dir zu schlafen.« Er steckt sich ein Stück Sushi in den Mund.

»Okay, also abgesehen davon, dass das für uns beide aus anderen Gründen keine Option ist, was hat denn das mit trauen zu tun?«, frage ich irritiert.

»Na ja, du bist mir, was deine Erfahrungen mit Männern anbelangt, so weit voraus, da hätte ich mittlerweile irgendwie Schiss vor einem Vergleich.«

Ich verschlucke mich fast an meinem Sushi und bin froh, dass ich gerade kauen muss und so Gelegenheit habe, um mich etwas zu fangen.

»Ich finde das ganz furchtbar, was du sagst«, sage ich bedröppelt.

»Dass du Angst vor einem Vergleich hättest. Ich bin's doch. Du hättest doch nichts zu befürchten. Niemand hätte das. Wieso auch?«

»Das weiß ich ja auch irgendwie. Aber trotzdem könnte es ja sein, dass du dir dann denkst: Ach ja, ist ja ganz nett, aber der Typ XY neulich, das war schon geiler mit dem.«

»Aber wenn ich mit jemandem schlafe, dann bin ich doch ganz bei dieser einen Person und genieße, was da grad passiert. Da mache ich doch keinen Schwanzvergleich.«

»Vielleicht bin ich auch einfach zu unsicher, das hat ja mit dir und deinem Verhalten nichts zu tun. Dass du eine coole und liebevolle Frau bist, das weiß ich ja. Ist ja auch egal, also war's vielleicht auch Quatsch, das überhaupt zu sagen«, beendet Jonah das Thema und ich verschiebe meine Gedanken zu seinen Bedenken auf später.

Als Jonah und ich uns später voneinander verabschieden, entscheide ich mich, noch einen kleinen Spaziergang durch meinen alten Kiez zu machen, weil ich für unseren Freunde-Ausgehabend ein bisschen zu früh dran bin. Während ich so durch Friedrichshain schlendere und mein Bier vom Späti trinke, kommen mir Jonahs Worte wieder in den Sinn: »Ich würde mich nicht trauen, mit dir noch mal zu schlafen.« Ich finde das krass. Nicht auf eine gute Weise krass. Ich finde das krass kacke. Es macht mich irgendwie traurig und gleichzeitig merke ich, wie wütend ich darüber werde. Denn klar, dass ich so offen mit Max' und meinem Beziehungskonzept und allem, was damit zusammenhängt, umgehe, kann einschüchtern, verwirren und bestimmt auch stören. Nicht allen gefällt das. Und vor allem nicht jedem Mann. Weil ich auf den ersten Blick vielleicht nicht so leicht einzuschätzen bin? Weil ich selbst die Initiative ergreife und sie das nicht gewohnt sind? Weil sie selbst gerne die Führung übernehmen und ich wiederum das Ruder gerne an mich reiße? Ist dafür kein Platz? Weil ich vielleicht nicht der typischen Frauenrolle entspreche?

Habe ich mir nun selbst ein Bein gestellt, weil ich mir erlaube zu sagen, was ich will und was ich nicht will? Weil ich dominant bin und trotzdem genauso verletzlich? Bin ich zu vielschichtig, deshalb nicht durchschaubar und überfordernd? Sollte ich mich zurücknehmen, damit die Männer mit mir klarkommen? Wie stark darf ich als Frau eigentlich sein?

Ich muss an Max denken und daran, dass ich mir diese Fragen im Bezug auf ihn nicht stellen muss. Bei ihm muss ich nie eine andere sein. Es reicht, ich zu sein. Wir sind beide stark genug, uns gegenseitig zu lassen. Uns zu lieben, wie wir sind. Auch wenn »wie wir sind« manchmal nerven kann. Wir halten aneinander fest und lassen uns trotzdem frei. Weil wir Freiheiten wollen, aber auch, weil wir uns so sicher miteinander fühlen. Wir stehen stark an der Seite des jeweils anderen, komme, was und wer da wolle. Wir könnten ohneeinander. Aber wir wollen nicht. Und wir wollen einander nicht verbiegen. Wir wollen einander beim Wachsen unterstützen, Verantwortung für den anderen übernehmen, aber den anderen niemals ändern.

Max fühlt sich von mir und meiner Sexualität nicht verunsichert oder bedroht. Nicht so wie Jonah. Oder wie Luca, fällt mir wieder ein. Unsere Affäre läuft nun seit ein paar Monaten und eigentlich habe ich wirklich eine gute Zeit mit ihm. Aber ich glaube, ich habe ganz subtil und, ohne es anfangs zu bemerken, sehr viel Rücksicht auf seine Unsicherheiten beim Sex und mir gegenüber genommen. Zu viel vielleicht? Habe ich meine eigene Lust aus den Augen verloren?

Zwar läuft es im Bett mittlerweile bedeutend lockerer zwischen uns und ich merke, wie viel sicherer Luca sich mittlerweile mit mir fühlt. Wir sind eingespielt aufeinander und wissen, was der andere mag und wie es besonders gut funktioniert. Aber für mich geht es nicht ums Funktionieren oder darum, dass alles immer glatt und super laufen muss. Es darf sich auch mal etwas doch nicht so heiß und toll anfühlen wie vielleicht vorher gedacht. Darüber kann man dann doch gemeinsam lachen und sagen: »Schade, das war wohl nix.« Zumindest hat man so die Chance, aufregende Spielarten zu entdecken, die man vorher nicht für möglich gehalten hätte. Anfänglich haben beide bei dem Gedanken an ein Rollenspiel vielleicht noch laut gelacht. Aber am Ende war es vielleicht doch wahnsinnig aufregend, in einer Bar so zu tun, als wäre man jemand anderes und würde sich zum ersten Mal sehen.

Ich will Neues ausprobieren und immer wieder raus aus der Komfortzone. Und Luca hat es sich dort sehr gemütlich gemacht, wenn ich mir unseren Sex mal genauer angucke. Nach nur wenigen Treffen hatte alles seinen festen Ablauf. Ein heißes, schönes Vorspiel mit tollem Oralsex, dann setze ich mich auf ihn, danach legt er sich auf mich und man schaukelt sich gemeinsam zum Höhepunkt. Das ist wirklich wunderschön und macht auch sehr viel Spaß. Aber es ist vorhersehbar. Und es ist ja durchaus in Ordnung, dass Luca unseren Sex so für sich perfekt findet. Aber ich tu das nicht, merke ich gerade.

Anfänglich habe ich noch versucht, das Drehbuch, das sich zwischen uns festgefahren hat, umzuschreiben. Setzte mich mal andersrum auf ihn, drehte mich auf die Seite, wenn er auf mir lag. Aber er reagierte nicht oder mit Verunsicherung. Dann sprach ich es sehr sensibel an und fragte, ob er nicht Lust habe, ein paar neue Dinge auszuprobieren. Aber ich merkte dadurch nur noch einmal mehr, wie schwer es ihm fällt, überhaupt über solche Themen zu sprechen. Zum einen, weil es ihm unangenehm zu sein scheint, aber auch, weil er sich in seiner Lust und seinen Fantasien oft zensiert und damit am Ende wahrscheinlich auch limitiert. Und daran kann ich nichts ändern. Und ich merke, dass ich langsam die Lust verliere, seine Lust aus ihm herauszukitzeln, auch wenn ich genau das anfänglich auch aufregend fand. Und bis zu einem gewissen Grad ließ er sich auch darauf ein.

Aber auch, wenn ich ihn wirklich gerne mag, habe ich das Gefühl, das ich alles probiert habe, um ihn dabei zu unterstützen, mehr aus sich herauszukommen. Seine Fantasien wirklich mit mir auszuleben.

Ich kann eine Zeit lang vorleben, wie es sein kann, wenn man mit sich, seinem Körper und seiner Sexualität entspannt umgehen kann. Aber am Ende muss der andere mitziehen und sich selbst trauen. Vielleicht ist Lucas eigener Leidensdruck an der Stelle auch einfach nicht groß genug. Muss er ja auch nicht sein. Er sagt zwar, dass er viele Wünsche und Fantasien hat und sie unbedingt ausprobieren will, wagt die Umsetzung am Ende aber doch noch nicht. Und das ist auch in Ordnung. Alles hat seine Zeit und seinen Weg. Aber es ist auch in Ordnung, wenn ich diesen Weg nicht mitgehe und mich von Luca verabschiede. Denn es ist nicht meine Aufgabe, jemand anderen selbstsicherer zu machen. Ich kann nicht machen, dass sich eine andere Person selbst liebt. Das können wir nur selbst.

Und am Ende ist das wahrscheinlich eine unserer größten Aufgaben im Leben. Vielleicht ist sie noch schwieriger geworden, seitdem uns das Fernsehen, Modezeitschriften und die sozialen Medien wie Instagram und Co. die ganze Zeit eintrichtern, dass wir nicht schön genug, nicht schlank genug, nicht faltenfrei, nicht dellenfrei sind. Dass unsere Wimpern nicht lang genug sind, unsere Nägel immer gemacht sein müssen, an unserem Körper kein überflüssiges Haar zu sehen sein darf und unsere Haare auf dem Kopf nicht lang und dicht genug sind und wir uns deshalb künstliche reinkleben lassen müssen. Oder dass unsere Vulvas nicht schön genug sind, weil sie nicht so perfekt symmetrisch aussehen wie die in den Pornos. Oder unsere Penisse zu klein und zu krumm sind und es deshalb nicht bringen.

Wir sind auf Selbstzweifel getrimmt, damit wir kaufen. Das ist alles. Wir brauchen keinen tieferen Sinn dahinter suchen. Da ist nur Oberfläche. Für die Industrie sind wir kleine, zu manipulierende Geldmaschinen, die gemolken werden wollen. Noch mehr und noch mehr Geld will verdient werden. Und dafür braucht es Defizite, Makel, Fehler, für die es dann ein Produkt gibt, das diese Makel und Fehler bekämpfen und auslöschen soll. Mit dem Risiko, dass wir uns in dem Kampf um die Schönheit selbst auslöschen. Wie viele Makel würden wohl am Ende übrig bleiben, wenn wir all den anerzogenen und durch Werbung erlernten Quatsch abziehen würden? Wie würden wir uns selbst betrachten? Würden wir überhaupt so sehr auf unser Äußeres bedacht sein?

Die große Frage ist ja, wie man das so macht mit der Selbstliebe. Ich glaube, dass Menschen, die immer wieder an sich selbst und ihrem Wert zweifeln, an irgendeiner Stelle im Leben eine Verletzung erlebt haben, die sie bis heute glauben lässt, sie hätten diesen Schmerz selbst verschuldet oder sogar verdient. Weil sie nicht liebenswert genug sind. Und ich glaube, dass ein Weg der Heilung darin liegen kann, an diese Stelle zurückzugehen. Und dies vielleicht auch mit therapeutischer Hilfe zu tun. Denn dort, an dieser Stelle, gibt es die Möglichkeit, die Vergangenheit und die Gegenwart voneinander zu entkoppeln. »Mir wurde Schlechtes zugefügt, also muss ich ungenügend sein.« Diesen Glauben gilt es zu durchbrechen. Denn wenn man sich als Kind, Heranwachsender oder erwachsener Mensch nicht geliebt gefühlt hat, war vermutlich die Person, von der man sich die Liebe gewünscht hat, selbst nicht in der Lage zu lieben. Das ist dramatisch, liegt jedoch in der anderen Person. Nicht in uns selbst. Davon abzuleiten, man selbst sei minderwertig, ist fatal. Es führt im Zweifelsfall dazu, dass man – weil man sich erst selbst lieben muss, bevor man andere liebt, das aber nicht gelingt – für andere die Person wird, die nicht bedingungslos Liebe zeigen kann.

Wir sind nicht so liebeswert, wie andere es uns sagen. Denn wie viel Liebe andere geben können, haben wir nicht im Griff. Wie viel Liebe wir aber selbst zulassen oder geben können, auch wenn es Mut und Reflexion benötigt, daran können wir etwas ändern.

Es hatte mich so viel Kraft gekostet, aus jedem Fall, jedem Tief wieder aufzustehen und mich selbst, meinen Körper, mein Temperament, meine Schwächen lieben zu lernen. Ich musste mich schmerzlich aus Beziehungen lösen, die mir nicht guttaten. Mein eingebranntes Muster kennenlernen und Konsequenzen ziehen, an die ich mich immer wieder neu erinnern muss. Zum Beispiel die Art von Menschen zu erkennen, die mich neben fabelhaft auch klein und ungenügend fühlen lassen. Und ihnen keinen Platz in meinem Leben einzuräumen, sondern sie höflich, aber bestimmt wieder wegzuschicken. Die Menschen, die einen auf Händen tragen, bei denen man den Boden unter den Füßen verliert, die man deshalb bewundert, begehrt oder ins Herz schließt – die all das aber vor allem brauchen, um sich selbst geliebt zu fühlen, Bedürfnisse in dem anderen zu wecken, um die eigenen nicht wahrnehmen zu müssen. Und die einen dann fallen lassen, sobald sie ihr Ziel erreicht haben. Und dann fällt man.

Jetzt bin ich endlich mit mir im Reinen, mag mich so, wie ich bin, lebe mich und meine Sexualität so frei aus, wie ich es will und brauche. Und dabei will ich mich nicht mehr verstellen. Wieso auch?

Um so zu tun, als sei ich weniger, damit ein Mann beispielsweise mit mir klarkommt? Auf keinen Fall. Da kann und will ich einfach keine Kompromisse machen.

Wieso sollte ich Freundschaften, Affären oder Arbeitsbeziehungen mit Menschen eingehen und pflegen, die mich anders haben wollen? Das kann doch nicht unser Ziel sein. Unser Ziel sollte doch sein, der Mensch zu werden, der wir sein wollen. Uns so zu lieben, wie wir sind. Uns um uns selbst zu kümmern, für uns zu sorgen. Aber auch für andere da zu sein. Denn ohne die anderen geht es nicht. Nie. Freunde und Familie, die brauchen wir. Es ist nur die Frage, wer diese anderen sind. Sind es Menschen, die dich aufrichtig lieben? Die dein Bestes im Sinn haben und sich deshalb auch trauen, dir Kontra zu geben, wenn es nötig ist? Die dir deinen Wert aufzeigen und dich an ihn erinnern, wenn du es mal wieder für einen Moment vergessen hast? Sind es die Menschen, die deine Welt ein bisschen schöner und glücklicher werden lassen?

Es sind nur noch ein paar Meter bis zur Bloona-Bar, in der wir uns alle treffen, da vibriert mein Handy. *Ich bin endlich zurück. Und ich will dich sehen!! Tommy.* Ich muss grinsen, als ich Tommys Nachricht lese. Die kommt ja gerade richtig, denke ich, und in mir machen sich ein paar kleine Aufregungsschmetterlinge breit.

Mit diesem guten Gefühl im Bauch öffne ich die Tür und gucke mich nach meinen Freunden um. Franzi steht hinter der Bar, grinst mich breit an und deutet mir, nach hinten durchzugehen. Und da stehen sie, all meine liebsten Freunde: Paula, Rick, Justus und noch einige andere liebe Gesichter aus meiner Berlin-Zeit.

»Ahhhh, da bist du ja endlich!«, ruft Paula laut, und ich lasse mich in die Arme meiner strahlenden Freunde fallen.

Was hab ich nur für ein Glück?, frage ich mich. Ich habe mich selbst, ich habe Max in meinem Herzen und ich habe diese wunderbaren Menschen, die ich meine Familie nenne. »Wo warst du denn?«, fragt mich Rick, der mich ebenso fest in seinen Armen hält.

»Ach, weißt du«, sage ich und mir schießen ein paar Tränen in die Augen, »ich musste nur ein bisschen über das Glück nachdenken.«

Und genau darum geht es am Ende immer. Sich daran zu erinnern, dass man es verdient hat, glücklich zu sein. Ganz ohne, dass es dafür irgendeine Leistung braucht. Einfach, weil wir da sind. Einfach, weil wir wir sind. Und wenn wir das tief in uns drin gerafft haben, wenn wir glauben, dass wir so, wie wir sind, schon wirklich ziemlich super sind, dann wird es uns auch leichtfallen, unsere Grenzen zu sehen und sie auch zu wahren. Und zu erkennen, was wir so brauchen im Leben, in der Liebe und im Bett. Und es wird uns leichtfallen, diese Wünsche nicht abzuwerten, sondern ernst zu nehmen. Und dann braucht es am Ende nur noch ein kleines bisschen Mut zu sagen, was wir wollen. Und wenn es vielleicht sogar ein leises oder lautes »Leck mich« ist. Und wer weiß, vielleicht bekommen wir am Ende sogar das, was wir wollen!

Danksagung

Ich danke Julius Kraft für all unsere Telefonate, Sprachnachrichten und seine großartige Unterstützung. Ohne dich wäre ich durchgedreht.

Meiner Lektorin Ariane Novel möchte ich von Herzen dafür danken, dass sie mir die Freiheit gelassen hat zu schauen, wo mich meine schreibenden Hände so hinführen.

Aus tiefstem Herzen dankbar bin ich meinem Antonio, Maria, Katharina, Johannes und dem Rest meiner wunderbaren Familie. Ich liebe euch so sehr.

Mein unendlicher Dank gilt meiner Wahlfamilie Nina, Patrick, Johannes und Paula. Ihr habt keine Ahnung, wie glücklich ich bin, euch in meinem Leben zu haben.

Ich danke all meinen Freunden. Insbesondere Maria S. B. und Maia. Ihr seid so wunderbare Menschen.

Außerdem danke ich meinen Böhnchenmädels Friedar und Paula sowie Simon, David B., David S., Felix, Wiebke und dem ganzen

Rudel. Mein großer Dank geht zudem an Robin, Phine, Mareike, Mandy, Katha, Steffi, Bärbel und alle Freunde, die hier keine namentliche Erwähnung finden können.

Von ganzem Herzen danke ich Gisela M. für ihre liebevolle Begleitung und heilenden Worte.

Ich danke Alfio Furnari, Florian Glässing und meiner Agentur Landwehr & Cie.

Vielen Dank an Birthe Vogelmann für ihre tolle Arbeit sowie an meinen Verlag.

Am Ende danke ich vor allem meinem großartigen Mann Max. Für sein Tränentrocknen, sein Halten und Aushalten, seine bedingungslose Unterstützung. Für seinen Witz, seine Gelassenheit und seine Liebe. Das, was wir haben, ist einzigartig und mein großer Stolz. Du bist meine Liebe. Du bist mein Leben. Falafel.

Dieses Buch war eine kleine Reise. Danke an alle, die dabei waren.

Über die Autorin

Anna Zimt (Jahrgang 1985) ist Autorin, Songwriterin und lebt mit ihrer großen Liebe Max in Hamburg. Sie führen eine offene Ehe. In ihrem Podcast »Schnapsidee – der Podcast über Liebe, Love & sexy sein« spricht und lacht Anna mit ihrer besten Freundin Paula über gleichberechtigten Sex ohne Leistungsdruck und Peinlichkeiten, Dating und andere Großstadtabenteuer. Mit jeder Folge erreicht sie Tausende Hörerinnen und Hörer. 2018 erschien ihr erstes Buch »In manchen Nächten hab ich einen anderen« über ihre offene Ehe.